FRANÇOISE HÉRITIER
LE GOÛT DES AUTRES

Laure Adler

FRANÇOISE HÉRITIER
LE GOÛT DES AUTRES

Albin Michel

Ouvrage publié sous la direction d'Hélène Monsacré

Prologue

Cela fait six heures que nous marchons toutes deux au cœur des Cévennes. Nous sommes parties dès potron-minet, laissant endormis les maris, les copains, dans cette vaste maison peu confortable mais dotée d'une large terrasse surplombant un paysage d'une grande beauté. Chaque soir nous refaisons le monde en prenant l'apéritif, tout en observant le bleu mauve de la tombée de la nuit s'éteignant dans le creux de la vallée.

C'est le temps de l'insouciance, des plaisirs partagés, des illusions perdues de l'après-68, de la croyance encore aux idéaux d'égalité, de solidarité qui nous guident. C'est le temps du plein emploi, le temps béni où les jeunes pouvaient choisir où et quand ils voulaient travailler. On « nous » attendait. C'est le temps aussi de l'amour libre. L'amie qui s'est occupée de la location du gîte a débarqué avec son mari et son amant sans que personne ne s'en étonne ni ne s'en offusque. La nuit elle dort avec son mari et, à l'heure de la sieste, elle s'enferme avec son amant dans la chambre qui jouxte le salon où, en raison de la grande chaleur, nous nous réfugions pour lire ou jouer au rami. Les engueulades des mauvais joueurs n'arrivent pas, quelquefois, à couvrir le bruit des étreintes. Nous faisions semblant de ne rien entendre et remettions pour la énième fois sur la platine le disque des Pink Floyd, *Atom Heart Mother*. On mettait ma chanson favorite, *Summer 68*, et on montait le son.

La veille au soir, Françoise et moi avions décidé de lâcher la bande pour une petite équipée. Les garçons, au vu du parcours du chemin de grande randonnée, s'étaient moqués de nous et nous avaient dit que nous avions mis la barre trop haut. Trop long, trop escarpé. À les en croire, on n'y arriverait jamais.

Six heures du mat, l'heure divine l'été. Nous quittons le village où tout le monde dort encore. Pataugas aux pieds, vêtements légers. Le monde nous appartient. L'ivresse des possibles. Chacune porte une gourde d'eau à la ceinture et un petit sac à dos rempli de pain et de fruits secs.

Elle, sublimement belle, longs cheveux noirs noués en un catogan dégageant l'ovale parfait de son visage, tee-shirt sans manches mettant en valeur son décolleté, short à mi-genoux dévoilant des jambes musclées, peau cuivrée, port de reine. Ce n'était pas la première fois que je remarquais sa beauté. Lorsque j'avais fait sa connaissance dans un séminaire, avant même de lui parler, sa classe, son élégance naturelle m'avaient frappée. Quand nous sommes devenues amies, je me suis vite rendu compte, lors de nos pérégrinations dans Paris, qu'elle se faisait souvent siffler et que des types n'hésitaient pas à lui faire des compliments appuyés. Elle ne se retournait jamais. Indifférence ou ignorance volontaire de sa propre beauté ? Les gens beaux, vraiment beaux, sont ceux qui ne veulent pas le savoir.

Françoise changera de corps et d'apparence à l'âge de cinquante ans en raison d'une maladie auto-immune. Françoise ne s'est jamais beaucoup regardée dans une glace. Mais dès que son apparence s'est métamorphosée, elle a décidé ne pas se voir telle qu'elle était devenue, mais de s'imaginer telle qu'elle était avant la maladie. Celle qui fut reconnue, au fil des décennies, comme la grande spécialiste de l'importance de la symbolique du corps dans le fonctionnement de toutes les sociétés a souffert dans son âme et sa chair. Elle sera la seconde femme à être élue professeure au Collège de France après Jacqueline de Romilly, sur proposition de Claude Lévi-Strauss qui souhaitait qu'elle lui succède, qu'elle tire son savoir de ses années passées sur le terrain, en Afrique, à observer et à comprendre le fonctionnement d'une société non occidentale. Sa rigueur scientifique incontestable s'accompagnera toujours de l'intelligence du cœur. Jamais elle ne se défiera de ses émotions, de ses sensations, de ses souffrances non plus. Désir et joie de vivre accompagnaient cette chercheuse d'éternité. Elle partait toujours de ce qu'elle voyait pour ensuite poser des questions sur ce qui l'étonnait et essayait enfin d'en tirer des théories. Le terrain fut toujours sa source d'inspiration. Voir comment les gens vivent et s'inventent des règles sans le savoir était sa passion, les lectures et les connaissances théoriques venant plus tard compléter ses propres intuitions. Cette manière gouleyante de faire de la science la singularisa dans le paysage des intellectuels français et lui permit de comprendre des impensés universaux comme l'inceste et la domination masculine. Elle fut une précurseuse, une grande théoricienne de la pensée, tout en étant une citoyenne engagée. Jamais elle ne se ménagea, ni physiquement ni mentalement. Pour elle, l'existence était un immense terrain de jeu et chaque seconde un étonnement. Elle fut une aventurière aussi. Sa vie est un roman, même si elle affectait d'être comme tout le monde. Son instinct de révélatrice du sel de la vie, du sel de nos vies, me guida dès mes premiers pas dans l'âge adulte. Elle me donna le goût et la force de croire en moi à un moment difficile. Ce livre se veut donc aussi un hommage à une femme qui défendait la force des femmes.

Cet été-là, la chaleur était forte et, en traçant l'itinéraire la veille, nous l'avions ignorée. Le chemin de grande randonnée comprenait l'ascension d'une petite montagne puis bifurquait vers la forêt. Nous avions calculé un retour à la maison vers la fin de l'après-midi. À treize heures, les mollets en feu, je suppliais Françoise de faire une pause. Intraitable, elle me promettait un gour dans une heure, où nous pourrions nous rafraîchir et peut-être même nous baigner. Deux heures plus tard, pas de rivière à l'horizon. Le sentier, très beau, coupait à travers champs en plein cagnard, avec juste de temps en temps des bosquets de chênes-lièges qui apportaient un peu de fraîcheur. Elle, toujours aussi vaillante, avait plutôt tendance à accélérer l'allure. Je claudiquais derrière elle en serrant les dents sans plus rien lui demander.

J'avais compris ce jour-là qu'avec Françoise, quand on se fixait un but, il fallait l'atteindre. Coûte que coûte. La promesse à soi-même était une de ses lignes de vie. Ne pas se décevoir. Et puis, tout est possible quand on le veut. C'est ce qu'elle m'avait répété sur ce chemin en me tendant la main. « Allez viens, on va y arriver à monter sur ce petit sommet. Je vais t'aider. Et puis tu verras, de là-haut, on embrassera le tout du monde. » Et c'était vrai. Éblouies, silencieuses, nous avons assisté à la danse tournoyante d'un aigle et à la tombée progressive du vent qui s'était opposé à nous toute la journée. Ce « tout du monde », expression étrange, à la fois simple et sophistiquée, prononcée naturellement, est resté dans ma mémoire, inscrit en lettres de feu. Ce « tout du monde », c'est ce que Françoise a cherché toute sa vie.

À l'époque, elle n'avait pas quarante ans, moi pas encore vingt. J'avais dépassé l'âge des fans-clubs, mais, sans qu'elle le souhaite ou qu'elle s'en aperçoive, elle était mon idole. Si j'ai choisi de restituer son itinéraire et de tenter de faire de sa vie un récit, c'est parce que je l'admirais et que je l'admire encore. Je pense à elle souvent. Elle est présente : je me souviens de son rire, de son humour, de sa vaillance face aux nombreuses adversités de la vie qu'elle a endurées. Françoise était toujours animée d'une joie de vivre contagieuse.

Celle qui fut reconnue tardivement par le grand public grâce à son livre antidépresseur *Le Sel de la vie* fut aussi une voyageuse, une grande amoureuse, une intellectuelle hors pair, qui élabora à partir de ses observations des théories encore utiles aujourd'hui pour combattre toute forme de domination. Engagée politiquement, elle l'était sans barguigner. Elle avait le cœur à gauche, à gauche toute. Elle s'est battue pour la décolonisation, contre toute forme de racisme, pour la reconnaissance de l'égalité femme-homme.

Féministe convaincue, elle a lutté contre toutes les formes d'oppression dont souffrent les femmes partout dans le monde. Reconnue par les pouvoirs publics comme une infatigable porte-parole du droit des minorités, elle fut la première présidente du Conseil national du sida et mena une lutte acharnée pour la reconnaissance des malades que l'opinion publique voulait alors dépister systématiquement (ce que nous avons eu tendance à oublier), elle s'opposa à la pénalisation de la transmission du virus et obtint le respect du secret médical en prison pour les détenus malades du sida. Liberté de l'intime. Respect des règles de l'éthique. Le droit à l'intimité est une liberté politique. Si la liberté de ce qui fait notre vie dite « privée » est exposée à qui veut s'en emparer, alors la démocratie est menacée, ne cessait-elle de répéter. Si l'égalité entre les êtres – qu'elle soit sexuelle, économique, sociale – n'est pas le but de notre « vivre-ensemble », le tissu social se désagrégera, ce qui mènera inéluctablement à une forme d'asservissement des corps et des esprits. Elle nous a donné, à nous les femmes, des instruments pour réfléchir et pour agir contre la domination masculine, avec plus de mille pages d'observations, de réflexions et de pistes de combats. Son but était de dissoudre la hiérarchie, ô combien réelle aujourd'hui encore, entre les deux sexes.

Bien avant *#MeToo*, elle se révèle à la fois une théoricienne et une avocate des causes essentielles de la vie de la société. À l'heure du tout voir, du tout savoir, du tout exposer, à l'heure où des jeunes filles sont victimes chaque jour de harcèlement sexuel sur les réseaux sociaux, à l'heure où le corps des femmes continue à être une marchandise ou un butin de guerre, à l'heure où l'intégrisme gagne du terrain, à l'heure où, en Ukraine, le viol est une arme de guerre, à l'heure où, en Afghanistan, les filles n'ont pas eu le droit de faire leur rentrée des classes, à l'heure où la Cour suprême aux États-Unis vient de supprimer la protection fédérale du droit à l'avortement, Françoise Héritier m'apparaît comme une vigie, une lanceuse d'alerte, une scientifique qui nous laisse en héritage des manières et des moyens de combattre les violences sexuelles, sociales et politiques dans un monde inégalitaire et fragmenté. Elle incarne aussi à mes yeux la figure d'une penseuse qui a toujours réfléchi de manière non occidentale, d'après ses observations en Afrique, terre nourricière de ses premières interrogations, sur ce qui fait société. Françoise l'aventurière de l'esprit, Françoise qui croyait au bonheur et qui, partout et en toute chose, détectait et goûtait le sel de la vie.

1.

Paysanne

Elle est venue, emmenée par sa cousine, prendre le goûter – pour elle sirop de grenadine, pour la cousine café au lait – chez le grand-oncle Joseph. Il lui fait un peu peur avec cette voix basse et rocailleuse et ses histoires interminables sur la guerre de 14, d'où il est revenu gazé et sans son meilleur copain. Elle sait qu'il n'y a rien à faire sauf à l'écouter ou à faire semblant jusqu'au moment où, voyant le soir tomber, il expédiera les deux filles dans leur ferme non sans leur avoir glissé dans un petit sac en papier deux grosses parts de millard, ce gâteau aux cerises noires qu'elles dégusteront dans leur lit le soir, dans le noir, en cachette.

Françoise est une terrienne, petite-fille de paysans tant du côté paternel que maternel. Elle est adroite physiquement et apprend vite à nourrir les cochons et les lapins, garder les chèvres et les conduire par les cornes, saisir les orties à pleines mains pour qu'elles ne piquent pas, reconnaître les herbes qu'il faut laisser sécher pour faire de la tisane, traire les vaches, conduire les bœufs, leur mettre le joug. Elle est athlétique, endurante et ne se plaint jamais. Elle aime, depuis qu'elle a six-sept ans, aider à la moisson l'été dans cette région où tout se fait encore manuellement. Dans cette Auvergne du Livradois on ne connaît pas les moissonneuses-batteuses et on travaille au fléau : deux hommes marchent l'un en face de l'autre en tapant sur les gerbes étalées et ouvertes au sol, qu'il faut sans cesse, et à toute vitesse, renouveler. Françoise porte et étale les gerbes sur l'aire de battage et sait être assez rapide pour permettre la séparation des grains.

En fin d'après-midi elle a le droit, en compagnie de son frère, de sa sœur et de ses cousines, d'aller chercher des myrtilles sauvages. Elle connaît tous les lieux-dits : la Camberse, Chassagnoux, Les Claustres. Son préféré est le Pont de David, le plus éloigné de la ferme, mais où elle sait qu'elle va trouver des mûres sauvages. Le tout est de rentrer à la ferme à sept heures tapantes pour le dîner – été comme hiver, soupe fumante avec morceau de pain et lichette de cantal et, pour les hommes, un peu de vin rouge aussi, puis jambon, puis volaille, puis fromages et enfin, au dessert, ces grosses crêpes, qu'on appelle les pompes, fourrées de confiture maison. Au bout de la table s'assoit le fermier, muni de son couteau de poche pour tailler les miches de pain. En face de lui s'installent le premier valet, puis ses fils, puis les autres valets. Le rituel est immuable. Les repas sont servis par les femmes de la ferme aux hommes, qui ne se lèvent jamais. Tout juste s'autoriseront-elles, à la fin du repas, à picorer, toujours debout, quelques restes – la tête du lapin, la carcasse du poulet –, pendant qu'elles feront réchauffer le café. Les enfants, assis au bout de la grande table, n'ont pas le droit de prendre la parole. Quand il faut de l'eau fraîche, c'est à Françoise qu'on demande d'aller à la source alors qu'elle a du mal à porter le seau. Puis, avant que la nuit ne tombe, Françoise et sa sœur ont le droit de s'asseoir devant la ferme à côté de leurs deux grands-mères qui, comme chaque soir, se chamaillent. Elles parlent de mariages, du dernier enterrement dans le bourg voisin, des mésalliances du côté de la belle-famille du plus proche voisin. Les deux pipelettes ne sont d'accord sur rien : ni sur la manière de faire la cuisine, d'éduquer les enfants, ni sur le sens à donner à certains rites de la religion catholique dans laquelle elles ont été élevées. Toutes deux croient cependant en la Vierge Marie et ne manqueraient pour rien au monde la procession, mi-août, de la vierge de Puy Bayou qui veille sur le village d'à côté, où elles emmènent, en devisant, leurs petits-enfants : « Saviez-vous que la cousine d'André va épouser le fils de Gaston qui est aussi son parrain ? Et le petit dernier du pharmacien qui s'est entiché de sa voisine au mariage de sa cousine germaine, va-t-il oser l'épouser ? Et ce beau-frère qui avait promis qu'il viendrait aider à la fenaison et qui s'est défilé sans rien dire ? C'est un bayeur aux corneilles, un qui traînera toujours ses guêtres, un grand dépendeur d'andouilles. »

Françoise écoute, amusée, fascinée par ces histoires qui semblent – mais ce n'est qu'une apparence – extrêmement compliquées. Bien vite les liens familiaux n'ont plus de secret pour elle. Elle sait dresser des arbres généalogiques et commence à décrypter les rapports de parenté et à en tirer des conclusions, souvent très simples, mais tout le monde s'y perd, car personne n'a une vue d'ensemble. Sauf elle. Cela lui donnera une agilité intellectuelle, le goût de la synthèse, et l'aidera sans doute plus tard non seulement à devenir l'une des plus grandes expertes des systèmes de parenté, mais aussi à inventer des concepts neufs. Françoise croit à ce que vous donne l'enfance. Elle appelle cela des « façonnages ».

C'est aussi à la campagne qu'elle se rendra compte très vite qu'une fille ne vaut pas un garçon et que naîtra sa première révolte contre l'inégalité entre les genres. Elle observe que, contrairement à son frère, elle n'a pas le droit de rester assise sans rien faire. Ses grands-mères lui occupent toujours les doigts : à six ans elle sait coudre, à sept tricoter, et à huit « rapetasser » les chaussettes, les fonds de pantalon, les chemises, et même fabriquer des chapelets ; chaque fin d'été, elle doit coudre entre les perles les précieuses médailles qu'envoient à la ferme les autorités ecclésiastiques de l'évêché. Elle sait aussi faire le pain et aide les femmes à cuire le sang du cochon.

Elle grandit, elle prend des forces, elle s'imprègne profondément de cette culture paysanne qui ne la quittera jamais.

Les étés s'étirent avec leur cycle de travaux agricoles. Son grand-oncle, très fier de son taureau reproducteur, lui demande de mener les vaches à la saillie en les enfermant dans un appareil de bois, bien nommé le « travail ». Il lui montre comment on pèse les veaux – l'animal est retenu par des sangles à une barre munie d'un crochet maintenu à une poutre et pourvu d'un contrepoids. À la fin de chaque été, sa grande sœur, son frère et elle sont eux aussi pesés de cette manière. Françoise, petite fille gracile venue de la ville, se métamorphosera en force de la nature et participera de plus en plus à la vie de la ferme. Fière de ses racines, fière de ses savoirs. Fière d'être auvergnate. Furieuse aussi d'être traitée comme une « simple fille ». Elle et sa sœur, par exemple, n'ont pas le droit, contrairement à leur frère, d'aller faire seules du vélo. Elles doivent toujours être accompagnées d'une des grands-mères, qui veulent leur éviter, disent-elles, « des mauvaises rencontres ». Alors elles ruent quelquefois dans les brancards, comme ce jour où, excédées de cette surveillance permanente, elles décident de « semer » la grand-mère en allant à vive allure et en se cachant derrière une haie. Ne la voyant pas arriver, inquiètes, elles rebroussent chemin et la trouvent avec le poignet fracturé. Honte et culpabilité.

Aujourd'hui, dans la plaine du Livradois, les grandes exploitations agricoles faisant pousser du maïs se succèdent sur des hectares, à l'infini, et d'énormes machines hydrauliques trempent le sol pour mieux le faire dégorger. La terre n'est plus nourricière, elle se vide, exténuée par sa surexploitation. Puis, petit à petit, quand on monte vers Ambert, la nature reprend ses droits. On traverse une mosaïque d'espaces où les prairies alternent avec de petits bois de pins ou de chênes, puis à nouveau des bocages, parcourus de chemins creux. Le remembrement n'a pas sévi par ici – la terre est vallonnée, accidentée – et la nature s'offre à nous sans clôture de bois ni de fer. Plus on monte vers les contreforts, plus la température est fraîche, même en plein été, et la mer de nuages vaste et moutonneuse. Impression d'être à l'écart du monde. Éblouissement.

Ici le temps est rythmé par les travaux des champs et la fatigue physique. On se lève tôt, on se couche tôt. Pas besoin de regarder une montre. Françoise participe aux tâches. Temps répétitif, immuable. Extinction des feux à l'apparition des premières étoiles.

Quelquefois, elle part chez le cousin de son père dans le village voisin. Elle dort au grenier. À l'étage du dessous, celui des chambres des parents et des grands-mères, sont accrochés deux chromos qui représentent les âges de la vie chez les femmes et chez les hommes : pour les filles, quand elles sont petites, « la vie est ravissante » et elles sont « innocentes ». À vingt ans, elles sont mariées car « leur cœur tendre s'est ouvert à l'amour ». À quarante, déjà vieilles et incapables, elles sont destinées à bénir le mariage de leurs enfants avant de s'occuper de la naissance de leurs petits-enfants. À cinquante, il ne leur reste plus qu'à penser à leur mort et à s'appuyer sur l'épaule d'un fils ou d'un petit-fils, pour l'affronter avec leur soutien tant elles sont sans courage. À l'inverse, tout sourit aux garçons, à chaque moment de leur existence. À dix ans, ils sont déjà solides physiquement et moralement. À vingt ans, ils choisissent leur épouse. À trente, ils élèvent leurs fils (ont-ils des filles ? ce n'est pas mentionné), à cinquante, ils triomphent, bras étendus sur l'escalier du temps, « maîtrisent le passé et le futur », avant d'aborder le grand âge l'esprit vif et le corps toujours agile, et continuent à voyager et à apprendre du monde jusqu'à leur dernier souffle.

Avant d'aller se coucher Françoise s'arrête devant ces deux chromos ornés de vers de mirliton et en rit avec sa sœur. Alors c'est donc cela être une fille ? Sous sa couette, elle lit un numéro des *Veillées des chaumières* qu'elle a dérobé à une de ses grands-mères. Elle adore les chroniques de Berthe Bernage, qui donne des conseils aux jeunes filles : la dernière porte sur le prince charmant. Il existe, c'est sûr, il suffit de se donner les moyens de le rencontrer, se dit Françoise, avant de tomber dans un sommeil réparateur.

Françoise appartient à une génération où les parents prenaient en charge leurs propres parents. Depuis son veuvage, la grand-mère de Françoise – elle aussi paysanne et fille de paysans bourguignons – vit avec sa fille. Françoise a été élevée par cette grand-mère, sa mère, fonctionnaire aux PTT, travaillant tôt le matin et rentrant tard le soir.

Les deux grands-mères sont d'origine paysanne. Pendant la guerre, la pénurie alimentaire devenant un casse-tête pour les familles installées en ville – les parents de Françoise habitent alors à Saint-Étienne –, Françoise, son frère et sa sœur iront vivre en Auvergne, dans la famille paternelle, pour des séjours de plus en plus longs qui marqueront Françoise à tout jamais. Elle aimait particulièrement parler de son grand-oncle Joseph, qui lui faisait un peu peur avec ses grandes moustaches à la Vercingétorix, de son cousin Pierre, au corps massif mais qui ne pouvait parler qu'à voix basse, car lui aussi avait été gazé pendant la guerre de 14, sans oublier sa chère et tendre cousine Nini, qui vivait avec tous ses chats, amour des chats dont elle héritera. Là-bas, elle se sent en sécurité. Là-bas, il y a toujours de quoi manger. Là-bas, on fait son pain, on tue le cochon, on a le potager, les arbres fruitiers. On ne manque de rien. On est autonome. Là-bas, on ne s'ennuie pas. Quand on ne travaille pas aux champs ou qu'on ne s'occupe pas des animaux, on va au marché de Marcigny, à la foire aux agneaux et aux chevretons.

Françoise est une enfant de la guerre. Née en 1933, elle avait, disait-elle, peu de souvenirs de ses premières années à Saint-Étienne. Lui revenaient de temps à autre des fragments d'une vie triste et réglée comme du papier à musique. Ses parents l'avaient inscrite chez les sœurs Saint-Charles au cours Sévigné, et elle se souvenait d'en avoir été retirée pendant deux mois – le temps de la scarlatine de son frère – pour être placée dans un institut de sourds-muets. En revanche, elle était intarissable sur sa vie en Auvergne. Dans ce territoire d'enfance qui l'a tant marquée, elle s'est formée aussi bien sur le plan physique que psychique. Cette imprégnation paysanne l'a dotée d'une personnalité très attachante et d'un sens de l'observation qui lui sera précieux pour devenir une chercheuse et une théoricienne d'exception. Françoise adorait marcher par tous les temps et revenait de ses balades avec des escargots ou des champignons. Elle possédait un amour de la nature, une connaissance des plantes et des arbres, une proximité avec les animaux – ah ! les chats de Françoise – et un goût sincère des joies les plus simples de l'existence qui sera fort précieux quand, dans le dernier tiers de sa vie, elle devra traverser des périodes douloureuses.

2.

Enfant de la guerre

Françoise a sept ans en mai-juin 1940. Elle se souvient de tout. Elle a une grande mémoire visuelle et auditive. Le bruit des bombes, la caravane des voitures, sa mère qui lui donne l'ordre de se coucher dans le fossé, sa grand-mère qui ne marche pas bien, mais qui houspille son frère, parce qu'il ne s'occupe pas de tenir les bagages, les nuits à la belle étoile à entendre les avions allemands qui survolent la colonne de l'exode. Comme si l'unité du monde s'était fracassée. Le convoi, parti le 14 juin de Montargis, s'est arrêté à Sully-sur-Loire le lendemain soir. Françoise fait partie de cette foule de l'exode composée de civils et de militaires, avec sa mère, sa grand-mère et son frère. Le père, après avoir entendu, le 13 juin, le discours de Paul Reynaud à la radio annonçant la défaite française, leur a dit de fuir pour tenter de se mettre à l'abri à la campagne. Ça tire de partout et Françoise a peur. Sifflement et éclatement des torpilles, tac-tac des mitrailleuses. Il faut se plaquer au sol sur le bas-côté de la route que les avions italiens pilonnent en piqué. Les premières bombes explosent en fin d'après-midi. D'autres s'abattent sur l'hospice où ils se sont arrêtés dans la nuit. Sa mère lui demande, ainsi qu'à sa sœur, de distribuer de l'eau aux soldats qui viennent d'être faits prisonniers. Nuit blanche. Des rumeurs circulent : il serait dangereux de ne pas bouger. La masse de civils repart le lendemain matin. Quelques heures plus tard, les avions survolent la foule et, de nouveau, mitraillent ; des maisons brûlent ; dans la panique générale, des pillards entrent dans les habitations éventrées.

Françoise se souviendra jusqu'à la fin de sa vie d'une tête coupée, oubliée à l'arrière d'un camion ambulance. La famille quitte Sully en flammes et tente de regagner l'Auvergne vers Firminy puis La Ricamarie. Dans chaque village traversé, la mère tente de trouver une maison abandonnée pour mettre les enfants en sécurité. Mission impossible. Alors elle décide de repartir en direction de Rive-de-Gier puis de Montargis, où elle retrouve enfin son mari. La famille s'y installe temporairement, trouve un petit logement et les enfants sont inscrits à l'école. La mère passe ses journées à faire la queue pour un peu de nourriture, le soir le père ferme les volets, sort le poste et écoute Radio Londres. Le père interdit à ses filles de parler, sous quelque prétexte que ce soit, aux occupants. Un après-midi, Françoise se fait aborder à la sortie de l'école par un monsieur bien mis, cultivé, qui lui parle en français et lui dit qu'elle ressemble à sa fille. Il lui donne du sucre, beaucoup de sucre. Elle revient ravie de son exploit à la maison – où il n'y a plus de sucre depuis longtemps – et raconte tout à son père, qui jette tout son butin en l'admonestant violemment : « Les Allemands sont nos ennemis.

Si tu en vois, désormais, tu changes de trottoir. » Dans la maison d'à côté, séparée par une haie, vit une famille avec deux enfants, dont un petit garçon de son âge. Françoise et Henri ont vite fait un trou dans le feuillage pour jouer ensemble. Un beau jour, plus d'Henri. Les soldats français viennent de l'arrêter avec sa famille sur ordre des Allemands, parce qu'ils sont juifs. Un mot que Françoise ne connaît pas et qu'elle entend pour la première fois. Henri et sa famille ne reviendront jamais. Disparus pour toujours. Françoise a beau questionner ses parents, jamais ils ne lui répondront.

Quand Françoise ira voir *Au revoir les enfants* de Louis Malle en 1987, elle en sortira bouleversée, en larmes, répétant que c'est ce qu'elle a vécu enfant. L'amitié entre Julien et Jean est de la même force que celle qui unissait Françoise et Henri. Henri, comme le personnage de Jean, fut arrêté par la Gestapo et ne revint jamais. Françoise ne comprit pas le silence de ses parents face au drame qu'elle vivait. Rétrospectivement, on peut se dire que ses parents furent protecteurs et taiseux en raison de la prudence qu'il fallait déployer pour ne pas mettre en danger la famille et le voisinage en risquant de s'exposer à une étourderie d'enfant. Françoise ne saura jamais non plus si ses parents ont fait partie de la Résistance ou s'ils étaient, comme beaucoup d'autres Français, attentistes et anti-allemands. Le silence entre eux sur ce sujet ne sera jamais brisé. L'insouciance, propre à l'enfance, elle, s'est envolée.

3.

Lycéenne studieuse

Comme tous les matins, elle part avec son père prendre le métro. Lui pour les bureaux de la SNCF, elle pour le lycée. « Mon père n'avait pas de conversation », disait-elle souvent, sans le lui reprocher. Il était tendre et autoritaire à la fois. Tout, il faisait tout pour que ses enfants « réussissent », montent d'un cran dans la hiérarchie sociale. D'abord le fils, qui doit faire des études scientifiques. Les deux filles, elles, peuvent choisir ce qui leur plaît, ce n'est pas très important. Une femme, c'est une mère au foyer, pas forcément quelqu'un qui gagne sa vie. Le départ de Saint-Étienne et l'arrivée à Paris vont pourtant donner à Françoise des idées d'indépendance. Finie, l'obéissance aveugle comme unique méthode pédagogique de l'école des sœurs. Au lycée Racine, elle apprend vite et décroche d'excellentes notes. Elle se découvre un amour pour la littérature avant de se plonger dans les grands textes de la philosophie. Françoise apprend à penser par elle-même. Et donc aussi contre l'éducation qu'elle a reçue.

Il faut bien dire que la vie familiale n'est pas forcément amusante et que les règles de vie en commun sont très contraignantes. La mère est sèche, sévère et cassante, le père est plus souple et peut même se révéler tendre mais, comme les pères de cette époque, il n'ose pas forcément exprimer ses sentiments. Et puis il se méfie de tout ce qui peut apporter de la zizanie dans son propre foyer. Par exemple, il luttera longtemps contre ses filles, qui désirent ardemment l'arrivée du téléphone. Il répète qu'il n'aime pas « être sonné ». Pour obtenir gain de cause, les filles, sachant que s'opposer à lui frontalement serait inefficace, tentent de le convaincre à coups de supplications câlines pendant des mois. Elles gagneront le combat pour le téléphone, mais pas celui de sortir seules le soir. Même pour faire du vélo dans le quartier ou aller voir une copine ! Comme sa femme, le père n'aime pas le maquillage, les cheveux longs et encore moins que ses filles se parfument. Quand l'aînée se fait des chignons « choucroute » et se dessine des yeux de biche pendant des heures en squattant la salle de bains, il n'ose pas intervenir mais lève les yeux au ciel ; heureusement, Françoise lui donne moins d'inquiétude : adolescente timide et studieuse, elle porte toujours les cheveux attachés et rentre – à la différence de sa sœur – tout de suite à la maison. Sa seule sortie est pour la chorale – elle appartient à l'orchestre des chorales de Paris et tombe amoureuse, en tout bien tout honneur, du chef, un certain Charles-André Julien-Brun, dont elle parle jusqu'à la fin de sa vie avec des yeux brillants, et qui n'en sut jamais rien.

Le père a coutume, depuis que ses enfants sont petits, de les emmener chaque été camper ; et quand ils grandiront, il n'entendra pas changer ses habitudes. Jusqu'à ses vingt et un ans, Françoise sera sommée de visiter l'Europe en famille, en sacrifiant aux joies du camping sauvage en montagne – passion du père.

On le sait bien, les jeunes filles déploient des trésors d'imagination pour réenchanter leur quotidien. Françoise se réfugie de plus en plus dans la littérature et se passionne pour la Rome antique. Rien de très excitant, mais cela lui suffit. Elle ne rêve plus du prince charmant ni de vivre des histoires extraordinaires, juste qu'un jour on la laisse tranquille. Que ses parents la lâchent. Qu'elle puisse profiter de la vie. Qu'elle puisse jouir de sa liberté. Coincée entre un père qu'elle adore et qu'elle respecte et une mère qui la traite comme une enfant, elle se contraint à patienter tout en pensant que ce qu'on lui promet – un mariage rapide et des enfants très vite – ne soulève pas son enthousiasme. Elle se dit qu'elle n'aura pas la force d'échapper à ce destin tout tracé, sauf si elle se trouve un métier qui la rendra indépendante. Après son baccalauréat, qu'elle obtient haut la main, elle s'inscrit au lycée Fénelon en hypokhâgne.

Historienne, préhistorienne, égyptologue, médiéviste, elle ne sait pas très bien. Ce qu'elle veut, c'est étudier le passé, ne pas se mêler des bruits du monde, être loin.

4.

Une chambre à soi

Elle n'est pas colérique. Plutôt réservée et obéissante, elle ne se risque que rarement à se fâcher, encore moins à pousser un coup de gueule. C'est pourtant ce qu'elle fait un beau jour de 1955. Elle, la studieuse étudiante en histoire – ses cours déposés aux Archives nationales attestent la qualité et la quantité de son travail –, n'en peut plus de demander la permission à ses parents de rentrer de la bibliothèque de la Sorbonne après 22 h 30. Elle ne supporte plus de dormir dans le même lit que sa sœur, qui écoute la radio tard dans la nuit. Elle convoite la minuscule chambre de bonne sous les toits. Sa mère refuse. Elle patiente et négocie. Et puis, un matin, sans avoir vraiment réfléchi, elle prend ses cliques et ses claques et décide de ne plus rentrer. Elle part sans crier gare et sans bagages. Elle est désormais majeure et sait que ses parents ne peuvent demander à la police de la rechercher. Le jour même, elle trouve une chambre de bonne rue Gay-Lussac près du Studio des Ursulines et le lendemain un job d'étudiante – on dirait aujourd'hui enquêtrice d'opinion – pour payer le loyer. Elle, si réservée, va apprendre à frapper aux portes et à poser des questions à des inconnues pour savoir si les femmes au foyer sont prêtes à abandonner leur cuisinière à bois et à charbon pour un réchaud au butagaz. Elle devient aussi, épisodiquement, guide touristique à Versailles pour arrondir ses fins de mois.

Elle, la discrète, l'élève modèle, la ravissante aussi – longs cheveux bruns volant au vent, colliers chamarrés autour du cou, robes virevoltantes –, va, tout d'un coup, basculer dans un autre univers grâce à son désir et sa volonté de s'émanciper. Des copains étudiants, qui fréquentent la bibliothèque de la Sorbonne, lui proposent de sortir le soir, d'aller au cinéma et au théâtre et, en fin de semaine, de venir boire des pots au café Le Tournon.

Le café n'a pas changé. Les fresques sont toujours là, le service sympa et, dans ce quartier pourtant touristique, les serveurs ne vous demandent pas de consommer tous les quarts d'heure. On peut encore aujourd'hui y passer un après-midi entier à lire un bouquin. Dans son livre *Dans le café de la jeunesse perdue*, Patrick Modiano raconte merveilleusement la vie des habitués des cafés de Saint-Germain-des-Prés à cette époque-là : « J'ai toujours cru que certains endroits sont des aimants et que vous êtes attiré vers eux si vous marchez dans leurs parages. Et cela, de manière imperceptible, sans même vous en douter. »

Françoise, elle, comme Loukhi, l'héroïne de Modiano, va très vite s'y rendre tous les soirs. Elle y découvre le charme des soirées enflammées où, entre camarades, on refait le monde. Elle va aussi y rencontrer Chester Himes et Richard Wright, avec lesquels elle nouera une amitié féconde et profonde. Chester lui raconte ses années de prison et ses difficultés à porter la parole des Noirs sans les trahir. Richard, lui, habite depuis 1948 rue Monsieur-le-Prince. Après le succès phénoménal de *Native Son*, son premier roman, puis de *Black Boy*, il a décidé de vivre en France où il découvre l'existentialisme. À Françoise il explique son enfance erratique, ses petits boulots de misère et sa passion pour Steinbeck. L'année de leur rencontre, il publie *Le Transfuge*, roman marqué par son amour pour Jean-Paul Sartre, et il évoquera avec elle son combat pour l'indépendance des pays coloniaux et ses enquêtes en vue de son prochain livre sur l'histoire africaine, qu'il veut intituler *Puissance noire*.

Ces deux hommes sont à l'avant-garde politique et vont éveiller Françoise aux luttes anticoloniales. Aujourd'hui, et depuis dix ans seulement, on sait qu'à Paris Wright fut surveillé par les services secrets américains tant il était considéré comme un « élément subversif ». Françoise se lie avec son épouse, Ellen, plus jeune qu'elle, qui, le soir, reste très tard au café. Auprès de Chester, elle apprend les règles du black jack et s'initie aux délices des polars. Cela deviendra chez elle une véritable addiction et j'ai rarement rencontré dans ma vie une personne aussi férue, aussi connaisseuse, aussi dingue de polars. Avec Chester, il faut dire qu'elle avait trouvé un maître. Celui qui n'a pas encore écrit *La Reine des pommes*, mais est déjà reconnu pour *S'il braille, lâche-le…* et *La Croisade de Lee Gordon*, publiés par Maurice Nadeau, va alors rencontrer Georges Duhamel, qui l'encouragera à changer de style, ce qui lui permettra de devenir l'auteur culte de romans policiers traduits dans le monde entier. Françoise est fascinée par son côté *bad boy* et ses aventures multiples. Il lui présentera son nouvel ami, James Baldwin, avec qui elle nouera aussi des liens d'amitié. Le jeune essayiste et écrivain, inconnu et désargenté, écrit alors *La Chambre de Giovanni*. Il a du mal à joindre les deux bouts et publie des articles dans la revue *Zéro*. Françoise fait partie de leur bande. Comme ça, naturellement. Elle souscrit à leurs idées de radicalisme, elle aime leur chaude affection, rire et boire avec eux. Elle aime aussi s'habiller et devient de plus en plus coquette. Quand elle débarque au café, les soirs de fête, vêtue de sa robe en faille rouge au corsage étroit avec la jupe évasée et deux petites ailes en organdi blanc aux épaules, les garçons la sifflent et elle aime bien cela. Et puis il y a la musique. En leur compagnie, elle fréquente les boîtes de jazz de Saint-Germain, va écouter Roy Haynes, Clifford Brown, Lester Young au Tabou puis au Club Saint-Germain, lit les chroniques de Charles Delaunay pour ne rien manquer et noue une amitié amoureuse avec Memphis Slim qui l'appelle « ma princesse ».

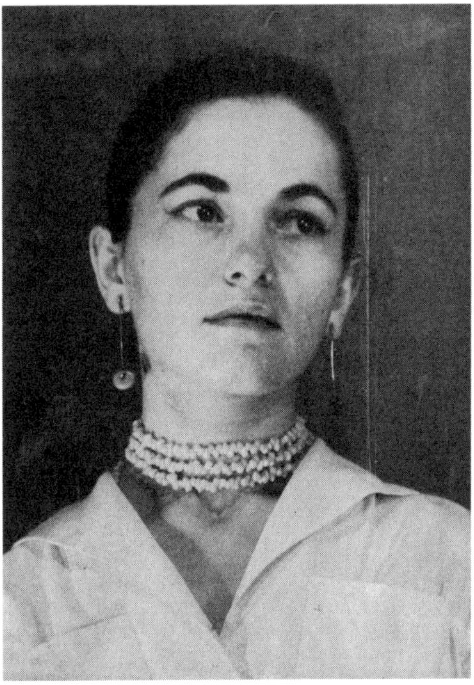

Elle en a rougi la première fois. Elle apprend bien vite sa réputation de don juan, mais n'en a que faire. Avec son collier en or sur sa chemise déboutonnée, son visage qui vire à l'extase quand il joue, il conquiert bien des cœurs. Elle achète les microsillons de Miles Davis et devient fada du cool jazz. « Il y a seulement deux choses », écrit Boris Vian dans son avant-propos à *L'Écume des jours* : « C'est l'amour, de toutes les façons, avec des jolies filles, et la musique de La Nouvelle-Orléans ou de Duke Ellington. Le reste devrait disparaître, car le reste est laid. » Ce n'est pas Françoise qui le contredirait, elle qui rentre au petit matin, grisée par ses nuits à Saint-Germain-des-Prés.

5.

La rencontre du maître

Elle aime se mettre au dernier rang dans l'amphi pendant les cours. Elle étudie l'histoire par goût des ailleurs et des autrefois. Elle obtient sa licence en passant ses certificats d'histoire ancienne et de géographie, et ajoute l'histoire économique. Elle s'engage à mener une recherche sur « la vie économique dans la Castille septentrionale des origines au XIIIe siècle ». Étudiante hyperdouée le jour et dotée d'une capacité de travail peu commune, elle se métamorphose en fin de journée. Son domaine, c'est la nuit. Quand elle ne sort pas, elle peut dévorer des livres sur les pharaons et écouter les dernières nouveautés. La nuit précédente elle a peu dormi, car elle s'est enfin acheté le microsillon de Bix Beiderbecke, dit « le jeune homme à la trompette », qu'elle a écouté en boucle en dansant devant son miroir. Tout à l'heure, elle a rendez-vous avec un des camarades du Tournon qui, depuis des semaines, lui parle avec enthousiasme d'un professeur extraordinaire. Il lui a proposé de venir l'écouter, certain qu'elle sera conquise par son charme et son érudition. Elle lui a demandé son nom : elle n'en a jamais entendu parler ; puis le nom de sa discipline : l'« ethnologie », a-t-il répondu. Elle ne sait pas ce que ce mot signifie.

« L'ethnologie [...] s'assigne l'homme pour objet d'étude, mais diffère des autres sciences humaines en ceci qu'elle aspire à saisir son objet dans ses manifestations les plus diverses », Claude Lévi-Strauss, *Le Regard éloigné,* chapitre II.

L'homme qui parle ce mercredi-là à la Sorbonne devant une poignée d'étudiants en fin d'études de philosophie possède la distinction d'un prince assyrien éduqué à Oxford, un humour pince-sans-rire, un savoir encyclopédique et un art du comparatisme entre les civilisations exceptionnel. Françoise, jusqu'à la fin de sa vie, parlera de sa « première fois » avec Claude Lévi-Strauss. Cette expression, qui désigne d'habitude la découverte de l'amour, indique bien de quelle manière cette rencontre va changer sa vie. Cet homme va lui faire découvrir un chemin insoupçonné d'elle. Il va lui révéler des mondes inconnus. Il va lui donner envie. Ce jour-là, il parle de la « parenté à plaisanterie » dans les îles Fidji. Pour une jeune fille venue de province, que sa mère, il y a encore quelques mois, traitait de « pauvre fille » parce qu'elle faisait des études et ne se « contentait pas » de trouver un mari, c'est une révolution. Tout d'un coup, elle a la tête ailleurs : découvrir qu'il existe des sociétés où des beaux-frères peuvent se saluer différemment et utiliser tel ou tel type de plaisanterie, selon qu'ils ont épousé la sœur aînée ou la sœur cadette de l'autre, lui ouvre des perspectives autrement plus excitantes et réjouissantes que ses recherches sur le haut Moyen Âge. Il s'agit de comprendre des usages du monde tel qu'il est, ici et maintenant, d'aller vers l'ailleurs. C'est d'une ouverture et d'une fraîcheur fabuleuses.

Claude Lévi-Strauss est alors dans la force de l'âge et invente devant ses étudiants ce qu'on nommera le structuralisme. Ce qu'il raconte est captivant, d'autant plus qu'il parle non seulement comme un enseignant qui tirerait son savoir de textes, mais comme un homme de terrain qui part de son expérience dans les sociétés amérindiennes, où il vient de passer quelques années. Ce n'est pas pour autant en aventurier qu'il s'exprime, contrairement à ceux qui, de retour de leur bout du monde, font des conférences pour raconter leurs exploits. C'est un intellectuel jouant avec les civilisations, les mythologies, les signes, les langues. Il occupe la chaire des « Religions comparées des peuples sans écriture ». Françoise remarque tout de suite qu'il a le regard doux, malgré la raideur de son corps, et une voix mélodieuse. Elle est fascinée.

Le séminaire dure deux heures. Pendant la première heure, Claude Lévi-Strauss parle de ses recherches, pendant la seconde, il invite des personnes de l'auditoire à s'exprimer : Émile Benveniste, Jacques Lacan, Alfred Métraux, Isac Chiva sont des habitués. Il règne dans ce séminaire une atmosphère particulière d'enchantement intellectuel, dont parle magnifiquement Emmanuelle Loyer dans sa biographie de Lévi-Strauss : c'est un laboratoire d'idées, de pensées où règnent l'interdisciplinarité, la hardiesse théorisante, le souci de l'empirique, le tout dans un climat d'écoute et de bienveillance. Lévi-Strauss initie ses étudiants à la pensée sauvage en faisant preuve de subtilité d'analyse et de force comparatiste. Il leur fait découvrir l'intelligence des sociétés non occidentales. Ce théoricien qui s'appliquera, sa vie durant, à étayer et justifier ses démonstrations est aussi un bricoleur, fier de l'être, qui refuse l'opposition entre l'intelligible et le sensible, et essaie de comprendre l'inaccessible.

Françoise reviendra chaque semaine ; elle n'aurait manqué pour rien au monde l'un de ses cours. Lévi-Strauss change de sociétés, de civilisations et l'embarque dans un voyage vers des savoirs inconnus. Pour la petite bourgeoise d'origine paysanne qui n'a jamais voyagé, entendre parler sérieusement de sociétés où les règles sociales sont à l'opposé des normes occidentales semble stupéfiant. Dans ce temps sans télévision ni goût particulier pour l'exotisme, l'annonce d'un autre monde est pour elle une révolution. Ses cours d'histoire lui paraissent désormais bien poussiéreux et fastidieux en comparaison de ce raconteur de génie, ce savant qui a vécu dans sa chair et dans son âme les leçons de civilisation de ceux qu'on continue à appeler les « primitifs ».

Car, comme l'expliquera si bien Michel Tournier, qui fut le condisciple de Françoise, assister au cours, c'était aussi voir un spectacle : celui d'un homme habité par sa passion, couvrant le tableau noir de signes à l'allure algébrique pour reproduire et décrire une organisation sociale, mais parlant aussi avec gravité de la disparition inéluctable de ces sociétés en train de mourir sous le poids des trusts qui, pour des raisons économiques, portent atteinte à leur écologie. Des peuples disparaissent en silence. Avec eux leur langue, leur civilisation, leur savoir. « Ces Indiens, raconte Tournier, nous apprenions tout à coup que Lévi-Strauss avait cheminé et campé avec eux quinze ans auparavant. Qu'ils n'étaient déjà plus qu'une centaine alors, que, sans doute, ils avaient entièrement disparu depuis. » C'est la première fois qu'elle entend parler d'ethnocide. Françoise comprend qu'il y a urgence à sauver, à préserver, à connaître ce qui existe encore.

Au moment même où, grâce à Claude Lévi-Strauss, l'ethnologie est enfin reconnue comme une science exacte, elle acquiert aussi une dimension tragique de nécessaire témoin de l'engloutissement de civilisations non occidentales.

Françoise gardera de ces premiers cours, d'abord, l'envie de changer de métier, le désir d'aller voir ailleurs, de tenter de comprendre les règles de fonctionnement de notre société à partir de l'étude de ce qui est géographiquement lointain – et en apparence psychiquement –, le plus éloigné de nous. Elle décide de se consacrer à cette nouvelle discipline et commence par acheter le livre de son nouveau maître publié l'année passée, *Tristes Tropiques*, qui commence ainsi : « Je hais les voyages et les explorateurs. » Contrairement à ceux qui parcourent le monde en quête de sensations fortes pour raconter, à leur retour, de manière pseudo-savante, dans des conférences, la vie des « sauvages », Claude Lévi-Strauss entend, dans cet ouvrage révolutionnaire, renouer avec l'ancienne tradition philosophique du voyage, effacer le goût impudique du sensationnel, tout en assumant sa propre subjectivité : « On court le monde d'abord à la recherche de soi. »

Comme Lévi-Strauss, Françoise pense qu'on ne peut pas étudier les hommes si on ne les aime pas.

Comme Lévi-Strauss, Françoise pense qu'il ne faut pas dépassionner les problèmes et que les émotions et la sensibilité font partie de la démarche scientifique.

Comme Lévi-Strauss, Françoise pense que l'ethnologue est celle ou celui qui part à la recherche de la compréhension d'autres sociétés par insatisfaction de la sienne.

Comme Lévi-Strauss avec les Indiens Bororo, Caduvéo, Nambikwara, Françoise éprouvera avec les Samo et les Mossi des affinités secrètes. Elle se reconnaîtra en eux et ils se reconnaîtront en elle.

Cette dimension de la réciprocité de l'échange, à la fois psychique, physique, sensuelle, entre les êtres est un des soubassements les plus importants de l'émotion que procure encore aujourd'hui la lecture de *Tristes Tropiques*. C'est un monument de la pensée mais aussi un renversement de notre vision du monde. L'Occident mis à nu. L'homme blanc démasqué. L'absence de certitudes comme méthode de compréhension de l'Autre. Françoise comprendra très vite tout cela intuitivement, sans trop se poser de questions, et appliquera les méthodes de Lévi-Strauss sur le terrain en Afrique, mais aussi dans ses recherches. Elle s'efforcera d'être dans ses pas, avant, bien plus tard, de le dépasser.

6.

Afrique mon amour, épisode I

Françoise n'a plus envie, et encore moins la patience, de bûcher sur ses cours d'histoire médiévale. Elle suit une licence d'histoire-géographie, seule valide pour les filles alors qu'il y avait pour les garçons deux licences séparées. L'explication donnée était que les filles n'étaient pas assez armées intellectuellement pour ne suivre que des cours de géographie. Françoise est de moins en moins assidue aux cours où elle s'ennuie, et elle s'en veut. Elle passe du temps devant son miroir – ce matin-là, elle s'est tiré les cheveux, s'est mis du rouge à lèvres et une grosse ceinture qui souligne sa taille si fine – avant de sortir – en tout bien tout honneur – avec cet étudiant de philo qui lui a fait découvrir le cours de Claude Lévi-Strauss.

Il a une voix très douce, de très jolies mains – Françoise regarde d'abord les mains quand elle rencontre une personne – et possède une sorte d'autorité naturelle qui fait que, dans leur petite bande, c'est toujours lui qu'on écoute. Il a les yeux très bleus, il est beau garçon et a la réputation d'être un peu dragueur. Peu importe, se dit Françoise, qui a perçu que, sous ses dehors posés et légèrement prétentiards d'intello de Saint-Germain-des-Prés, derrière sa carapace, se cache un jeune homme assoiffé d'idéal. Michel Izard se définit comme grand lecteur de philosophie – il cite souvent Kant et Hegel –, mais est aussi fou de Jean-Paul Sartre et de Merleau-Ponty. Il lui fait comprendre, par de multiples signes, qu'il est de plus en plus sensible à sa présence et, semble-t-il, à sa conversation. Elle qui se trouve cruche, toujours un peu nunuche, à côté de la plaque, se sent choisie par un des garçons les plus convoités de la bande. Elle en est assez fière, elle qui croit toujours être moins bien que les autres. Ils rejouent *Jules et Jim*, le film génial de Truffaut adapté du livre d'Henri Pierre Roché. Françoise, c'est Jeanne Moreau, Michel, c'est Henri Serre, le Jim du film, chanteur la nuit au cabaret Le Cheval d'or, ancienne boucherie transformée en club de jazz. Jules, prénommé aussi Michel, est un copain amoureux et timide de la bande, cinéaste documentariste amateur. Entre les deux Michel, le cœur de Françoise balance : elle choisira le plus séducteur, Michel Izard. Corps à corps amoureux, physiquement et intellectuellement. Délices du tourbillon.

Lui aussi est fou d'admiration pour Claude Lévi-Strauss. Lui aussi est en train d'abandonner la philo, tout comme elle largue l'histoire, pour « entrer » en ethnologie.

Tous deux sont des aventuriers de l'ailleurs. Tous deux ont envie de couper les ponts avec l'Occident. Tous deux ont envie d'accomplir ce désir de comprendre l'Autre. Tous deux viennent se nourrir intellectuellement et imaginairement au séminaire de Claude Lévi-Strauss.

Depuis le premier cours sur les îles Fidji, Françoise n'a jamais manqué un seul séminaire. Ce jour-là, Lévi-Strauss inaugure un long cycle sur la chasse rituelle des aigles chez les Hidatsa, Indiens d'Amérique du Nord, dont il va étudier à la fois les rites et les mythes. Il évoque les raisons de l'importance du port d'une couronne en plumes d'aigle pour les chefs, le rôle crucial des règles au moment de la chasse, l'association de l'aigle au ciel, la puissance du rapace, la féminisation des termes pour désigner l'appât. Françoise est fascinée par son comparatisme, sa connaissance intime de nombreuses cultures dans des aires géographiques différentes, sa faculté de recourir en même temps à plusieurs disciplines – la linguistique, la botanique, l'histoire, la psychanalyse – pour élaborer des théories sur la compréhension de sociétés lointaines. Cette manière d'avancer comme un danseur en faisant semblant d'improviser – alors que chaque cours lui demande en réalité des dizaines d'heures de travail – donne des ailes à Françoise, qui commence à rêver qu'elle peut aller vivre loin et de manière différente.

« L'histoire mène à tout, mais à condition d'en sortir », écrit Lévi-Strauss dans *La Pensée sauvage*, et il précise dans l'*Anthropologie structurale* : « La différence entre [l'histoire et l'ethnologie] n'est ni d'objet, ni de but, ni de méthode ; mais qu'ayant le même objet, qui est la vie sociale ; le même but, qui est une meilleure intelligence de l'homme et une méthode où varie seulement le dosage des procédés de recherche, elles se distinguent par le choix de perspectives complémentaires : l'histoire organisant ses données par rapport aux expressions conscientes, l'ethnologie par rapport aux conditions inconscientes de la vie sociale. »

Françoise choisit de se « décentrer ». En abandonnant l'histoire déjà écrite au profit de la rencontre avec l'Autre, elle accomplit un saut dans le vide par rapport à son éducation, sa famille, et tout ce à quoi elle s'était plutôt résignée à être sans le désirer : une mère au foyer.

Elle n'est pas la première à embrasser cette profession et a conscience de s'inscrire dans une lignée de femmes ethnologues pas assez reconnues. Dès l'aube des années 1930, Germaine Dieterlen, Deborah Lifchitz, Germaine Tillion, Denise Paulme avaient déjà ouvert le chemin en partant pour l'Afrique. Françoise travaillera avec Germaine Dieterlen sur le terrain, et cette dernière suivra les séminaires de Françoise à ses retours d'Afrique. Denise Paulme deviendra une amie, un modèle et une mentore. On parle peu de ces femmes, effacées progressivement par l'histoire, qui ont décidé de partir à la recherche d'autres sociétés. Inventant leur métier sur le terrain, dans le sillage de Marcel Mauss puis de Marcel Griaule, qui partit étudier les Dogon dès le début des années 1920, elles ont pourtant écrit des livres magistraux et passé des années *in situ* à comprendre les règles de sociétés jamais étudiées avant elles. Elles ont dû aussi beaucoup se battre pour être acceptées au sein d'équipes uniquement masculines, constituées dans le cadre de missions financées par l'État, comme la mission Dakar-Djibouti de 1931 à 1933, dirigée par Griaule. Deborah Lifchitz, à la fois ethnologue et linguiste maîtrisant l'amharique, a pu se rendre en Éthiopie pour y étudier les rouleaux magiques et y faire des enquêtes sur certaines minorités religieuses.

À son retour, elle fait équipe avec Denise Paulme, juriste de formation, élève de Marcel Mauss, qui, elle, s'apprête à partir au Soudan à l'occasion de la mission Sahara-Soudan. Elles décident de rester sur place sans être financées par aucun organisme et, pendant neuf mois, vont étudier l'organisation sociale des Dogon, tout en recueillant contes, proverbes et autres trésors de leur littérature orale. Travaillant sur la fête des semailles, la divination par les chacals, elles vont pouvoir prolonger leur terrain grâce à une bourse de la fondation Rockefeller. Elles rendent compte de la progression de leurs travaux par des lettres mensuelles qu'elles envoient à Michel Leiris, revenu en France de sa première mission portant sur la langue secrète des Dogon, et qui vient d'être nommé à la tête du Département d'Afrique noire du Musée d'Ethnographie du Trocadéro. Elles cosignent, à leur retour, des articles dans la *Revue des africanistes* et un livre pionnier, *Les Lettres de Sanga*, qui définit les règles fondatrices et les enjeux théoriques de l'ethnologie en train de naître. La carrière de Deborah s'interrompra brutalement. À son retour en France, malgré la protection du réseau du Musée de l'Homme et l'amitié de Denise, qui la cacha dans son bureau, elle sera arrêtée, déportée et assassinée à Auschwitz.

En 1945, Denise repart chez les Kissi et les Baga de Guinée et s'impose comme l'une des personnalités les plus fortes intellectuellement et les plus attachantes humainement. Chargée du Département d'Afrique noire au Musée de l'Homme, elle a à cœur d'encourager les nouvelles vocations et prend sous son aile Françoise, qu'elle rencontre dans le séminaire de Claude Lévi-Strauss. Elle s'appliquera dès lors à favoriser son envol, à lui donner des conseils, alors qu'elle vient d'être nommée, en 1957, directrice d'études à la VIe section de l'École Pratique des Hautes Études, vivier universitaire des débuts de carrière difficiles pour ces jeunes qui veulent faire de la recherche mais n'ont pas un sou pour vivre.

Lors de sa Leçon inaugurale au Collège de France, le 25 février 1983, Françoise aura à cœur de prononcer le nom de ces deux femmes, de leur rendre hommage et d'insister sur leur courage et leur détermination, elles qui sont parties sous les ricanements de leurs collègues dans ce continent si lointain : « Ainsi, en 1935, l'Afrique est encore primitive mais elle est accessible à la connaissance et, comble d'audace (mais dont on s'étonne encore), même les femmes peuvent y accéder. »

Ses débuts dans la profession seront difficiles et compliqués, justement parce qu'elle est une femme, mais ils seront facilités par le courage de ses devancières qui ont ouvert la voie et construit une légitimité intellectuelle pour les femmes aussi dans cette nouvelle discipline. Elle sait qu'embrasser ce nouveau métier sera un combat et elle s'y prépare.

Françoise se débrouille, elle a l'art de tirer le diable par la queue, de trouver des petits boulots pour gagner juste assez de quoi continuer ses recherches. Elle ne peut rien attendre de sa famille avec qui elle a coupé les ponts. Michel, lui, issu d'une famille bourgeoise plus compréhensive, peut continuer à vivoter ainsi. Quand Claude Lévi-Strauss, à la fin d'un de ses séminaires, lance à la cantonade qu'il a une proposition d'offre d'emploi transmise par un Institut des sciences appliquées de l'Université de Bordeaux qui recrute un ethnologue et un géographe pour enquêter en Haute-Volta sur les conséquences d'un éventuel déplacement de populations dans l'hypothèse de la construction d'un barrage dans la vallée du Sourou, Françoise et Michel se portent candidats. Michel est accepté la semaine suivante et son ordre de mission préparé. Pas Françoise, qui a le tort d'être une fille ! Pas question, pour l'Institut, d'envoyer en brousse une jeune femme affronter la chaleur humide, les serpents venimeux et les méchants autochtones. Françoise, folle de rage, tempête auprès de l'administration, excipe de ses diplômes de géographe, prend des cours particuliers de relevés de terrain auprès de spécialistes de géographie appliquée pour démontrer ses compétences. Rien n'y fait, même pas l'appui inconditionnel de Claude Lévi-Strauss. Rappelons qu'à l'époque une femme mariée devait demander l'autorisation de son époux pour prendre un emploi et qu'elle n'avait pas le droit d'avoir un compte en banque à son nom – il faudra attendre 1965. Ce sera uniquement parce qu'aucun candidat masculin ne postulera pour la mission de géographie que, de guerre lasse, l'administration l'acceptera.

C'est la première fois qu'ils prennent l'avion. Ces long-courriers à bord de DC 4 nécessitent trois escales. Ils s'arrêtent à Niamey pour atterrir, en fin de journée, épuisés, à Ouagadougou, après trente-six heures de vol. Là-bas, la nuit tombe en moins d'une demi-heure. Les contours s'estompent, le soleil se couche en trois minutes, dans une lumière brouillardeuse accompagnée d'une odeur de fumée de charbon de bois. C'est l'heure où, devant leur habitation, les femmes allument le feu à trois pierres. C'est l'heure aussi où des nappes d'humidité flottent dans l'air, exhalant l'odeur de la terre, une odeur d'humus, une odeur épicée, âcre, une odeur qui enivre et qui, pour les amoureuses et amoureux de l'Afrique, demeure pour toujours dans votre mémoire. Noces avec l'Afrique dès les premières minutes pour Françoise qui, sourire aux lèvres, aimait raconter qu'elle s'était sentie là où elle devait être, à sa place naturelle.

Comme une évidence, une certitude aussi. Françoise l'Africaine qui ne reniera jamais l'amour fou et constant qu'elle éprouvera pour ce continent. Juste avant de mourir, soixante ans après son premier voyage en Afrique, elle confiera à Annick Cojean, journaliste au *Monde* : « J'ai su instantanément que j'avais trouvé ma voie. Non seulement je ne regrette rien mais, si c'était à refaire, je sauterais dans la même aventure à pieds joints. »

Le lendemain, Françoise et Michel quittent la capitale pour découvrir leur premier terrain : les Mossi. Ils seront tout de suite frappés par la beauté des habitats, la magnificence des paysages et l'élégance de ce peuple de l'ouest, actuellement constitué de neuf millions d'individus résidant majoritairement au Burkina Faso, où ils représentent plus de la moitié de la population dans un pays constitué de plus d'une soixantaine d'ethnies. Françoise et Michel se rendent dans la vallée, dans les villages des bassins des rivières Nazinon et Nakambé. Ils s'arrêtent à la nuit tombée et dorment chez l'habitant, recevant un accueil à la fois chaleureux et soupçonneux de la part de personnes qui n'ont jamais vu de Blancs et qui veulent les inspecter physiquement pour savoir comment ils sont faits. Françoise se retrouvera enfermée dans une case par les plus vieilles femmes du village, qui la déshabilleront pour vérifier par elles-mêmes qu'elle est bien… de sexe féminin. Elle en riait encore à la fin de sa vie quand elle se souvenait de ce premier épisode.

Loin de l'effrayer, ces contacts rugueux l'amusent et l'enchantent. Ayant conscience que c'est elle qui vient sur le territoire des Mossi pour apprendre d'eux, elle est déterminée à prendre son temps et à vivre comme les femmes qui l'entourent, si elle est acceptée. Elle passe des journées entières à observer les femmes piler le mil, s'occuper des cultures vivrières, veiller sur les enfants et préparer la cuisine. Elle prend les petits dans les bras, propose d'aider aux travaux ménagers.

Très vite, les femmes lui offrent des bracelets et lui expliquent comment elles font la bière de mil. Ses premiers carnets de terrain témoignent de son enthousiasme, voire de son exaltation, à vivre le quotidien des Mossi. Levés très tôt, elle et Michel partent faire des relevés de terrain et se livrent à des enquêtes ethnographiques. À la nuit tombée, grâce à la lampe-torche, ils consignent leurs impressions et envoient des courriers aux amis et à Lévi-Strauss. Françoise essaie de calmer cette ardeur, cette jubilation qu'elle ressent à découvrir le « terrain ». Et puis elle est amoureuse. Michel, lui, l'intellectuel un peu rigide et cassant, imprégné de surréalisme et de philosophie hégélienne, se révèle, en Afrique, sensible, admiratif, profondément ému par ces personnes dont il découvre la profondeur de pensée.

« En vérité, il n'existe pas de peuples enfants ; tous sont adultes, même ceux qui n'ont pas tenu le journal de leur enfance et de leur adolescence », écrit Claude Lévi-Strauss dans *Race et Histoire*. Françoise pense qu'il a décidément raison et s'aperçoit que l'ethnologie, si elle est une science logique, est aussi un nouveau chemin vers la compréhension des autres et vers soi-même. Après une semaine de pérégrinations dans le delta du Sorou, ils font cap vers Ouagadougou. La Haute-Volta est une colonie de l'Union française, qui deviendra le 11 décembre 1958 une république autonome, sous le nom de République de Haute-Volta, au sein de la Communauté française, et prendra son indépendance en août 1960.

Françoise et Michel, s'ils n'ont pas milité dans les cercles indépendantistes des étudiants africains à Paris, se vivent cependant comme des anticolonialistes. Ils ont lu le *Discours sur le colonialisme* d'Aimé Césaire, paru en 1950, et ont été impressionnés par la radicalité et la profondeur de la démarche de Frantz Fanon, l'auteur de *Peau noire, masques blancs*, paru en 1952. Ils ont tous deux le cœur à gauche et sont passionnés par la politique. On est alors en pleine guerre froide, et ils partagent l'inquiétude générale face à la menace atomique et à ce qu'on désignait à l'époque par l'expression peu rassurante d'« équilibre de la terreur ». Ils n'ont jamais adhéré au parti communiste, contrairement à la plupart de leurs amis, et ne se reconnaissent pas de maître à penser. Michel est d'une nature sceptique et Françoise profondément progressiste. La révolte ouvrière polonaise et la révolution hongroise de 1956 mirent un terme définitif, dans leur cercle amical, à toute complaisance vis-à-vis des staliniens. C'était dorénavant la question des guerres coloniales qui les hantait. Tous deux avaient participé à plusieurs meetings et défilés contre la guerre d'Indochine avant que la guerre d'Algérie – qu'on ne nommait pas « guerre » mais « événements » – ne vienne frapper de plein fouet leur génération, jouant ainsi un rôle d'accélérateur de la cause de l'indépendance.

Tous deux, lorsqu'ils arrivent en Afrique pour la première fois, sont des « coopérants », engagés par la France en tant que chercheurs appartenant à un institut de recherche, créé au début de 1957 pour le développement dans les domaines de l'agronomie, des plantes et surtout de l'hydrologie. Françoise et Michel sont pleins d'admiration pour les cultures orales des civilisations traditionnelles, ils se vivent comme des scientifiques sans préjugés, désireux d'être en harmonie avec les populations dont ils doivent comprendre les manières de vivre et la vision du monde. Ils vont vite se heurter à ceux qu'on a longtemps nommés en Afrique les « petits Blancs », ceux qui assoient leur pouvoir sur l'administration coloniale, ceux qui méprisent les autochtones qu'ils tutoient systématiquement, sans se cacher du racisme qui les habite, et qui viennent en Afrique « faire du franc CFA ». De ces Blancs-là, en nombre dans la capitale, Ouagadougou, ils vont s'éloigner en essayant de s'isoler. Françoise veut partir de nouveau dans les villages, mais Michel est malade, Michel a de la fièvre, Michel n'arrive pas à se faire soigner. Semaines de galère et de désespérance. Michel ne veut pas rester dans cette Afrique-là et supplie Françoise de repartir sur le terrain. Françoise n'en mène pas large quand ils décident de fuir la capitale dans une vieille Citroën à la recherche d'un village pour s'y installer durablement.

Ils prennent la route pour Ouahigouya, capitale du royaume mossi du Yatenga, et s'arrêtent en chemin pour faire des relevés de terrain – tâche dévolue à Françoise plus particulièrement –, mais aussi pour poser des questions aux habitants rencontrés dans les villages sur leur éventuelle migration vers d'autres territoires en cas de construction d'un barrage qui inonderait la région. Aucun des deux ne parle le moré, mais, très vite, Françoise saura se faire comprendre par des gestes, mimiques et dessins sur le sable. Les villages ne sont pas homogènes : ils sont constitués de quartiers dépendant chacun de l'autorité coutumière d'un chef responsable de l'entretien de l'autel dévolu au culte de l'ancêtre.

Ils s'arrêtent à Améné. Trois chefs se partagent le pouvoir. Ils ont la chance de voir des cérémonies devant deux types d'autels, où sont donnés des sacrifices importants pour demander la « bonne saison » aux ancêtres, c'est-à-dire la venue de la pluie. Ils choisissent des informateurs parmi la population des personnes âgées qui connaissent des rudiments de français et notent tout ce qu'ils voient dans des carnets. Ils enregistrent aussi les chants. Très vite, Françoise s'intéresse aux relations de parenté et se souvient des papotages de ses grands-mères pour comprendre les alliances matrimoniales dans le village et recenser les lignages, pendant que Michel, lui, s'intéresse au fonctionnement du pouvoir et à la puissance du sacré.

Ils décident de travailler ensemble sur la caste des forgerons puis sur la chefferie de terre. Ils s'aperçoivent que celle-ci est reliée à un territoire où sont construits les lieux de culte et où règnent des interdits : avoir des rapports sexuels à même le sol ou cueillir trop de fruits verts. Au milieu de cette savane sèche le problème de l'eau apparaît comme vital. Les femmes du village font, chaque matin et chaque fin d'après-midi, plus de huit kilomètres pour se ravitailler au puits. D'où l'importance des maîtres de la pluie et l'attente de la colère du ciel, dont on détecte les moindres signes. Il faut que cette colère soit forte pour que la pluie vienne non seulement frapper le sol, mais l'imprégner. Les maîtres de la pluie tentent d'empêcher la venue de cette pluie fine dite « pluie des mangues », car elle s'arrête à la hauteur des fruits.

Les journées sont riches de rencontres et d'apprentissages. Chaque soir, ils rentrent dans leur case – lits de camp, cantine en fer qui leur sert de table et lampe-torche –, le confort est minimal, la nourriture répétitive – mil, sorgho et, les bons jours, un peu de poulet –, mais Françoise ne s'en plaint pas. Michel un peu plus. Françoise trouve très vite cette vie exaltante, romanesque. Michel, lui, demande à son meilleur ami de lui raconter ce qui se passe en France. L'opéra, le cinéma, les copains lui manquent. Françoise, au contraire, vit sur un petit nuage. Elle n'en revient toujours pas de s'être éloignée à tout jamais du rôle d'épouse bourgeoise auquel sa famille l'avait prédestinée et voit d'un bon œil la distance géographique et psychologique augmenter avec sa mère, qui la plaint de vivre parmi les sauvages et qui lui en veut de vivre en concubinage avec un jeune homme qui n'a pas encore de métier. Pauvre fille qui va bientôt, si elle ne convole pas en justes noces, devenir une vieille fille. Pauvre fille qui a délaissé le métier sûr d'enseignante sans pour autant savoir ce qu'elle allait faire de sa vie. Pauvre fille qui a choisi l'amour fou avec un fanfaron prétentieux, égoïste et narcissique qui n'a même pas fait sa demande en mariage.

Vertiges de l'amour. Les coups de blues de Michel sont passagers, le matériel accumulé devient impressionnant sur les sujets de la parenté et du pouvoir. Ils partagent leurs enquêtes et s'entendent à merveille intellectuellement. Michel, auparavant si dépressif, lui le ténébreux, l'insatisfait perpétuel, n'en revient pas de ce goût de vivre qui l'habite et qu'il attribue à Françoise. Dans une lettre adressée à son meilleur ami, Olivier, il note : « Jamais je n'ai souffert avec elle de la perte du merveilleux. » Michel se sent revivre. Françoise découvre qu'elle aime vivre. Leur départ d'Afrique n'en sera que plus déchirant. Afrique mon amour ; Afrique leur amour.

7.

Retour en France : la galère

La mission se termine, l'argent est dépensé et Françoise et Michel sont dans l'obligation de rendre leur rapport scientifique sur la vallée du Sourou dans les meilleurs délais. Ils n'ont qu'une seule idée en tête : repartir et faire financer par une institution de recherche leur prochain terrain. Tous deux veulent revenir en Haute-Volta. Cela ne va pas être aisé. Ils vivent dans la chambre de bonne de Françoise et tirent le diable par la queue. Ils reprennent les cours de Claude Lévi-Strauss qui leur demande de raconter ce qu'ils ont vécu. Maîtrise de Michel qui, devant l'auditoire, affirme son désir de faire de l'ethnologie politique en prenant comme sujet la royauté du pays mossi. Panique de Françoise, impressionnée par la salle et transie de timidité. Dans *Le Sel de la vie*, elle raconte : « Je me souviens avoir voulu mourir sur place le jour (ancien) où Claude Lévi-Strauss m'a demandé *ex abrupto* si j'avais quelque chose à dire après un exposé auquel je n'avais rien compris. » Elle en a tellement souffert qu'elle s'est jurée de ne jamais renouveler l'expérience avec qui que ce soit, même avec son pire ennemi. Elle a l'impression de ne pas être à la hauteur. Il faut dire que, dans ces années-là, le séminaire est un laboratoire d'excellence intellectuelle où se croisent les philosophes, les linguistes, les psychanalystes les plus pointus et les plus inventifs.

Claude Lévi-Strauss est devenu ce qu'on appelle aujourd'hui une icône, et le retentissement de *Tristes Tropiques* l'a fait accéder à la célébrité. Le livre est entré dans les programmes scolaires et le magazine *Elle* lui a décerné la palme de « l'homme le plus intelligent de France ». Lévi-Strauss dépasse la sphère des intellectuels et devient aux yeux de certains une sorte de gourou et de prophète. Il s'en amuse et s'en moque : « Les ethnologues m'accusent d'avoir fait un travail d'amateur et le public un bouquin d'érudition. Cela m'est d'ailleurs indifférent. Dès que j'ai fini un livre, il est mort pour moi. » Avec l'invention du structuralisme et sa consécration grâce au succès de *Tristes Tropiques*, Lévi-Strauss pose les bases d'une nouvelle conception du monde, et Françoise et Michel sont aux avant-postes de ce mouvement en train de se créer sous leurs yeux et avec eux. Car il ne s'agit pas – ni pour Françoise ni pour Michel – de faire de l'ethnologie à l'ancienne, comme le firent Marcel Griaule ou Alfred Métraux, mais bien d'inventer une nouvelle science qui, à partir de données collectées dans le monde entier, pourra découvrir les structures universelles au fondement de toute société et mettre en évidence des appareils cognitifs anciens. Lévi-Strauss publiera, la même année que *Tristes Tropiques*, *Les Structures élémentaires de la parenté*, puis, au moment où Françoise et Michel retrouvent son séminaire, *Anthropologie structurale*, que tous deux vont dévorer.

Les cours de Lévi-Strauss sont toujours des préludes à ses textes écrits, qui sont d'abord élaborés oralement. L'écoute, la réception, les questions de ses interlocuteurs et de ses élèves l'aident à éclaircir et à synthétiser ce chantier mental immense qui convoque en même temps plusieurs disciplines. Mais Lévi-Strauss est aussi un grand « écouteur », il se nourrit de ce que lui apportent ses élèves. Il saura convaincre Françoise d'oublier sa timidité pour relater ses découvertes sur la parenté. Il se révèle alors un immense pédagogue, sachant faire émerger des questions qu'elle-même n'avait pas pu formuler. Avec ce désir toujours de mettre à nu les choses essentielles, d'arriver à l'ossature, il l'encourage à poursuivre le travail sur les données qu'elle a rapportées de son terrain et qui vont peut-être révolutionner le domaine de la parenté. Il croit en elle et est impressionné par sa grande facilité à se repérer dans les problèmes complexes.

Lévi-Strauss a beaucoup dit qu'il travaillait en solitaire, mais il a toujours eu à cœur d'aider de toutes les manières possibles ses étudiants par des bourses, des crédits, des affectations. Françoise arrive comme jeune chercheuse dans la vie du professeur à un moment charnière. Celui qui a été recalé au Collège de France il y a plus de dix ans va dans moins d'un an y être élu, notamment grâce à l'entremise de son ami et collègue Merleau-Ponty. Cette nomination lui donnera la possibilité d'ouvrir son laboratoire d'anthropologie sociale, où entreront dès sa création… Françoise et Michel.

En attendant, la réalité du quotidien est plus prosaïque et difficile. Entre les cours de Lévi-Strauss qu'ils suivent tous les deux, mais où ils arrivent séparément à la demande de Michel (!), Françoise a du mal à joindre les deux bouts, essaye de terminer le rapport qu'elle doit rendre sur le pays mossi, une monographie sociale, agronome, démographique et sanitaire. Un travail de titan auquel participe Michel qui donne ses idées alors que Françoise dactylographie le tout. Une histoire hélas bien connue. Les hommes c'est fait pour penser, les femmes pour exécuter et coucher sur le papier les belles idées de leurs hommes.

Leur désir de retourner en Afrique est accentué par les conflits de Françoise avec ses parents, qui ne veulent pas comprendre sa nouvelle vocation ni rencontrer l'homme de sa vie. Michel lui a-t-il dit qu'il voulait l'épouser en Afrique ? À son ami Olivier, il confie que cela fait plus de six mois qu'il y songe. Ayant enfin obtenu un complément financier pour achever leur vaste enquête, ils repartent contents mais inquiets. J'ai retrouvé aux Archives nationales des lettres de Michel adressées à Lévi-Strauss pour savoir si tous deux pourraient bénéficier d'un contrat moins précaire. Celui-ci le rassure : « Ne vous faites pas trop de souci… Outre que c'est le sort commun, l'esprit travaille et se forme même inconsciemment. Laissez-vous porter par la vie quotidienne puisqu'il n'y a pas moyen de faire autrement. »

8.

Mariage à Tougan

Françoise retrouve vite ses marques, notamment dans le village de Kaisebo où elle avait vécu avec Michel lors de leur premier séjour. Dans cette bourgade de 1 700 habitants, non loin du chef-lieu de Gouray, ils ont pu emménager dans une case traditionnelle en banco de boue séchée avec une ouverture basse de cinq mètres de diamètre. Françoise, toujours aussi bonne ménagère qu'astucieuse, a trouvé une jolie natte pour mettre sur le support de bois qui leur sert de lit, protégé par une moustiquaire. Cette fois-ci, elle n'a pas refait les bêtises qu'elle avait commises lors du premier séjour : achats en nombre de vêtements coloniaux, chaussures montantes et casques contre le soleil. Elle est arrivée avec trois robes d'été, un grand chapeau en paille et… beaucoup de crayons de couleur à distribuer aux enfants du voisinage. Une lampe à pétrole, une calebasse pour le *dolo* et une petite pharmacie complètent la panoplie de ce jeune couple rieur, amoureux et travailleur. Chaque soir, ils remplissent des fiches sur les systèmes de

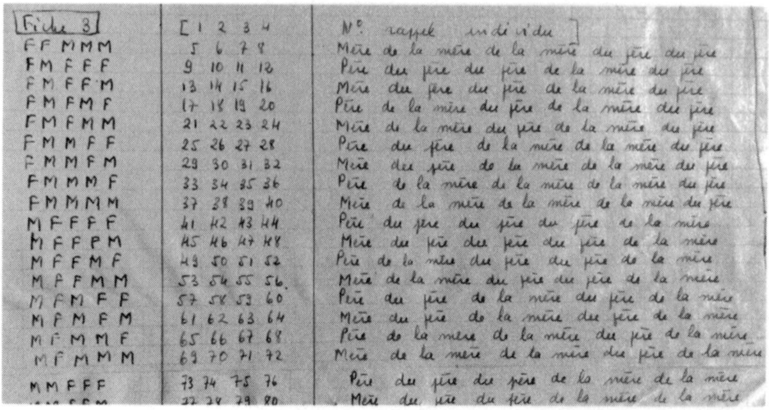

Fiche 3	[1 2 3 4	N°. rappel individu]
FFMMM	5 6 7 8	Mère de la mère de la mère du père du père
FMFFF	9 10 11 12	Père du père du père de la mère du père
FMFFM	13 14 15 16	Mère du père du père de la mère du père
FMFMF	17 18 19 20	Père de la mère du père de la mère du père
FMFMM	21 22 23 24	Mère de la mère du père de la mère du père
FMMFF	25 26 27 28	Père du père de la mère de la mère du père
FMMFM	29 30 31 32	Mère du père de la mère de la mère du père
FMMMF	33 34 35 36	Père de la mère de la mère de la mère du père
FMMMM	37 38 39 40	Mère de la mère de la mère de la mère du père
MFFFF	41 42 43 44	Père du père du père du père de la mère
MFFFM	45 46 47 48	Mère du père du père du père de la mère
MFFMF	49 50 51 52	Père de la mère du père du père de la mère
MFFMM	53 54 55 56	Mère de la mère du père du père de la mère
MFMFF	57 58 59 60	Père du père de la mère du père de la mère
MFMFM	61 62 63 64	Mère du père de la mère du père de la mère
MFMMF	65 66 67 68	Père de la mère de la mère du père de la mère
MFMMM	69 70 71 72	Mère de la mère de la mère du père de la mère
MMFFF	73 74 75 76	Père du père du père de la mère de la mère
[illegible]	77 78 79 80	Mère du père du père de la mère de la mère

parenté, les fables, les bestiaires, les chefferies, pour tenter de donner une forme scientifique à toutes les informations qu'ils ont récoltées dans la journée.

De temps à autre, ils reçoivent de la visite. Ce jour-là, ce sera leur ami Jean Rouch, amoureux des Dogon, homme rieur et généreux, aventurier par nature, ethnologue déjà confirmé, cinéaste d'exception, auteur du chef-d'œuvre *Les Maîtres fous*, tourné dans une secte religieuse à Accra, et de plusieurs documentaires au Mali et au Niger. Il a pour grand projet avec Germaine Dieterlen de filmer les cérémonies rituelles en pays dogon. Il y a déjà construit des amitiés solides avec des informateurs qui l'accueillent chez eux lorsqu'il s'y installe. Ce soir-là, Jean Rouch parle beaucoup à Françoise de Germaine Dieterlen qu'il va retrouver. Il loue ses travaux, ses méthodes, la manière qu'elle a eue de savoir se faire adopter. Cette femme ethnologue, infirmière de formation, de trente ans plus âgée que Françoise, fait partie de cette génération de pionnières parties dès les années 1930 en Afrique dans le sillage de la mission Dakar-Djibouti de Marcel Griaule. En 1937, elle effectue sa première mission chez les Dogon : son existence bascule. Elle y vouera sa vie, publiant de nombreux livres et cosignant des films avec Jean Rouch.

Françoise connaît Germaine : elle l'a rencontrée à plusieurs reprises à Paris dans le cadre du séminaire de Claude Lévi-Strauss ainsi qu'à l'École Pratique des Hautes Études, où elle occupe, depuis 1956, la chaire « Religion de l'Afrique noire ». Cette personnalité hors du commun, altière et aristocratique, est devenue par passion l'une des plus grandes spécialistes de la religion bambara et de la société dogon. Et tout le monde s'accorde à dire que, par son approche, elle a révolutionné l'ethnologie. Françoise est à la fois fascinée et intimidée – on le serait à moins – et elle en a un peu peur. Jean Rouch la persuade de se laisser embarquer pour une petite visite, histoire de voir comment Germaine travaille depuis plus de vingt ans, près de la falaise de Bandiagara où elle étudie la mythologie dogon et où, en 1946, elle a reçu, en compagnie de Marcel Griaule, du prêtre dogon Ogotemmêli, la parole donnée aux hommes lors de la cérémonie du Sigui, qui a lieu tous les soixante ans. Jean Rouch retourne en pays dogon où il a filmé en 1951 un rituel funéraire dans un village. Il vient juste de terminer le montage d'un film sur les rites funéraires accompagnant le décès du chef traditionnel des Mossi de la région de Ouagadougou, où séjournent Françoise et Michel. Ce film sublime est aujourd'hui encore disponible sur YouTube. Allez-y. Vous ne le regretterez pas : la beauté des plans en noir et blanc, le commentaire chaleureux et précis de Rouch, les rituels du roi soleil du pays mossi sont saisissants. Ce film de vingt-huit minutes, caméra à l'épaule, son direct, produit par le CNRS et l'IFAN, avait fortement impressionné Françoise par sa rigueur scientifique démontrant la profondeur de cette civilisation et par la force des rituels que respectait l'ensemble du peuple mossi.

Françoise, le lendemain matin, part dans la jeep de Jean Rouch. Sur le plateau de la falaise de Bandiagara, Germaine l'attend, toute de blanc vêtue, impériale, avec son accent du XVIe arrondissement, impeccablement coiffée, avec ses boucles d'oreille en perle dans la chaleur moite, un whisky à la main. Elle passera une partie de la nuit à lui expliquer les mythologies et la signification des peintures sur les roches de la falaise. Françoise se souviendra d'avoir pu saluer le hogon des Dogon devant la haute façade de sa case aux anfractuosités régulières emplies de crânes d'animaux, puis d'être repartie un peu estomaquée par les manières aristocratiques de Germaine sur le terrain.

Blanche parmi des Noirs, Germaine vit comme une Blanche.

Françoise, elle, choisira de vivre comme les femmes des villages où elle décide d'habiter.

Affaire de génération sans doute, affaire de statut social, affaire de changement de perception d'une Afrique qui devient indépendante, affaire de caractère et de tempérament aussi : Françoise est d'une nature empathique, sociable, aimante, bienveillante.

L'Afrique devient son continent : par le cœur, par la peau, à la vie, à la mort. De ce continent, elle attend d'être transformée, épanouie, accomplie.

Michel se décide à lui faire sa déclaration : elle accepte avec enthousiasme et se réjouit de l'idée d'un mariage sans falbalas. Ils trouveront bien un ou deux copains dans le voisinage pour leur servir de témoins. La sœur de Françoise vient juste de se marier en France, avec robe à traîne et grand voile, cérémonie religieuse, location d'une salle, toute la parentèle invitée. Pas question de souscrire à ce genre de choses. Elle ne veut pas. Michel non plus. Ils ne sont portés ni l'un ni l'autre sur les grands événements familiaux. Ils décident donc non de rentrer à Paris, mais de se marier sur place, avec les moyens du bord. Ils séjournent alors en pays pana, dans le village de Bouna, et font appel à l'administrateur du cercle de Tougan – le dernier avant l'indépendance – pour les marier. Ils préviennent par courrier leur famille respective. Les parents de Michel sont heureux de cette nouvelle et proposent de publier un faire-part dans *Le Figaro*. Les parents de Françoise ne lui répondent pas. Elle relance. Silence. À un de ses amis elle raconte qu'elle est blessée et humiliée par leur indifférence. Est-ce d'ailleurs de l'indifférence ou de la réprobation ? Pas la moindre nouvelle ni de sa sœur ni de son frère. Aux Archives nationales, plusieurs lettres attestent son désarroi. Elle fera contre mauvaise fortune bon cœur pour ne pas gâcher la joie de ce jour-là, mais elle aurait préféré recevoir des courriers, fussent-ils d'injures ! « J'en parle sur le mode plaisant, mais crois-moi cela ne me fait pas plaisir, et ce silence blessant a été pour moi la seule désolation dans un jour que j'aurais voulu totalement heureux. »

Mademoiselle Héritier a posé devant le photographe avant de devenir madame Izard. Elle porte une robe blanche courte, s'est fait un chignon et s'est maquillée. Une vraie beauté. Un petit air d'Audrey Hepburn mâtinée d'Anna Magnani, deux stars qu'elle adore.

Monsieur et madame Izard reçoivent au Cercle de Tougan à partir de 17 heures, après la cérémonie. Les invités ne seront pas nombreux et la soirée courte. Le directeur du cercle offre à Françoise un bouquet de fleurs exotiques, le directeur du service hydraulique une pelle à tarte, ce qui la fait rire, et son époux, toujours aussi intello, *La Montagne magique* de Thomas Mann. Il se rattrapera un peu plus tard en l'emmenant aux chutes Victoria.

Le lendemain, à l'aube, ils sont conviés à une cérémonie secrète par l'un de leurs informateurs. La vie continue, toujours aussi fiévreuse, sur le plan des recherches.

Une photographie montre Françoise, jupe ample, taille ceinturée, chemisier, coiffée d'un grand chapeau, opérant un relevé de champs à la planchette, par triangulation, en pleine brousse, aidée par son mari en short et sandales. Une autre montre le départ, depuis le baobab à l'entrée du village, des hommes, toutes générations confondues, pour la chasse collective. Françoise et Michel sont intégrés à Bouna, mais ils n'ont pas encore fait le choix définitif du terrain qu'ils adopteront pour leurs recherches ultérieures. Michel restera en pays mossi et deviendra l'un des plus grands spécialistes du système politique de cette ancienne royauté, Françoise, elle, tombera amoureuse – terme que j'emploie à dessein – des Samo, en un pays distant de plusieurs centaines de kilomètres, où elle s'installera pour une bonne dizaine d'années. Coup de foudre ? Oui, elle en fera son refuge. C'est là où elle se sentira le mieux, en affinité avec les personnes qu'elle va côtoyer, et avec qui elle va travailler, et qui demeureront des amis jusqu'à la fin de sa vie, comme en témoignent les lettres qu'elle leur adressa jusqu'à son dernier souffle.

9.

L'ombre de la guerre d'Algérie

Cela fait plusieurs années que Michel vit dans l'inquiétude d'être envoyé en Algérie. À la fin de leur seconde mission, ils rentrent tous deux à Paris et attendent avec angoisse la convocation. Michel a décidé, étrangement, d'accepter d'y aller, contrairement à tous ses camarades du séminaire de Lévi-Strauss, qui vont tout tenter pour y échapper, y compris se rendre malades ou se faire passer pour fous. Pourtant il est antimilitariste et désapprouve fortement l'attitude du gouvernement. Comme ses amis, et avec Françoise qui partage ses idées, il adhère au manifeste des 121, intitulé *Déclaration sur le droit à l'insoumission dans la guerre d'Algérie*, publié en septembre 1960 et signé par des intellectuels, des artistes, universitaires, que tous deux respectent et admirent, et dont certains sont des amis, comme les ethnologues Robert Jaulin et Jean Pouillon, ou l'ethnomusicologue Gilbert Rouget.

Dans son magnifique roman *Des hommes*, paru en 2009, Laurent Mauvignier raconte comment les souffrances de ces jeunes soldats sur le front furent tenues sous le boisseau du silence et de la honte et n'arriveront jamais à cicatriser. C'est le cas de son « héros », Bernard, surnommé « Feu-de-Bois », rongé par le remords de la violence qu'il a fait subir en Algérie, mais gardant le silence envers et contre tout – personnage magistralement interprété par Gérard Depardieu en 2020 dans le film que Lucas Belvaux a tiré du roman.

La convocation tombe. Michel est incorporé début février 1959 au camp militaire de Valdahon où il deviendra brigadier-chef puis chef de dessin, affecté à la cartographie du relief puis des populations en Algérie et au Sahara. Il ne se plaint pas de sa situation et s'estime heureux de ne pas être parti sur le front, mais il souffre de l'absence de sa bien-aimée. Françoise se sent seule. Sa famille ne lui fait toujours pas signe et sa situation matérielle n'est guère brillante. Heureusement les parents de Michel l'aident à quitter l'appartement sombre que le couple avait trouvé à son retour d'Afrique pour emménager dans un appartement au quatrième étage à Antony. Les courriers sont rares et le ton des lettres laconique.

Elle se démène pour trouver des jobs alimentaires et se débrouille comme elle peut : elle entre comme vacataire à l'Institut national d'études démographiques et travaille sur l'alcoolisme pendant un an auprès de Sully Ledermann et Jean Sutter. Elle publie son premier article sur ce sujet et s'habitue déjà à recourir à un certain nombre de techniques, comme le tri mécanique sur des fiches perforées, qu'elle utilisera pour les données matrimoniales engrangées lors de son dernier terrain. Sa compréhension rapide ainsi que son agilité et son appétence pour les nouvelles technologies seront décisives pour sa carrière. Contrairement à nombre de chercheurs de son âge, qui préfèrent travailler à l'ancienne, carnet à la main, Françoise s'oriente très vite vers les machines pour l'aider à tirer du terrain non seulement des données purement ethnographiques, mais aussi une pensée sur le mode de fonctionnement de ces sociétés. N'oublions pas que nous sommes dans une période où certains, comme Benveniste en linguistique ou Lévi-Strauss en anthropologie, sont à la recherche d'un langage formel qui permettrait d'intégrer toutes les disciplines pour dégager les grandes structures de fonctionnement de l'humanité. Françoise est engagée dans cette grande aventure. Elle y croit et en suit les derniers développements, comme le SYNTOL (Syntagmatic Organization Language), en compagnie de psychologues et de sociologues persuadés qu'ils trouveront les principes de l'organisation des langues par des techniques mécaniques. Aventure chimérique mais non sans lendemain pour Françoise, car elle trouve dans cette équipe un poste salarié de chercheuse documentaire et s'accoutume à ces nouvelles pratiques qu'elle juge performantes et efficaces. C'est de là que date l'importance qu'elle donnera à l'informatique dans le traitement des données en sciences humaines, à une période où ce nouvel outil est, au mieux, ignoré, au pire, réprouvé.

Dès ces années-là, Françoise est structuraliste, non par dévotion pour son maître, mais par tempérament : elle est en quête de structures universelles. Elle est une chercheuse d'absolu, une aventurière de l'esprit, une conquérante de l'infini des possibilités humaines. C'est sans doute pour cette raison qu'elle adhère, émotionnellement et intellectuellement, à ce mouvement d'idées. Elle n'est ni essentialiste ni culturaliste, mais universaliste. Outre une méthode, le structuralisme est une philosophie du sens global à donner au monde. Françoise veut débusquer le constant sous l'éphémère pour tenter de dégager des structures, partir à la recherche d'éléments immuables et essentiels, prendre en charge les différences pour identifier les ressemblances, dans la lignée de Claude Lévi-Strauss, lui qui a fait acquérir à l'anthropologie ses lettres de noblesse scientifique et l'a définitivement arrachée au statut incertain, quoique romanesque, d'exploration des cultures lointaines.

Pour tenter de prouver quantitativement des intuitions ou des idées, elle intègre une nouvelle équipe qui inaugure des techniques pour traiter les données. Au Pavillon de Flore, elle travaille sur des fiches avec de multiples perforations par lesquelles passent des rayons lumineux : c'est le système dit « Peek-a-boo », visant à appliquer la même rigueur cognitive et descriptive à des écrits qu'à des objets.

Françoise participe à cet élan collectif des jeunes autour de Lévi-Strauss qui voudrait tout analyser pour démontrer l'ampleur et la nécessité de sa vision. Michel, lui, est plus circonspect, voire réticent, et trouve que le maître exerce une trop grande emprise sur Françoise. Il n'hésite pas à lui trouver des côtés « charlatan » – c'est l'expression qu'il emploie dans une lettre à son meilleur ami –, lui reproche de ne pas faire assez appel à la linguistique et d'« oublier » l'Afrique (reproche justifié) et, *de facto*, de ne pas prendre en compte leurs propres travaux, à lui et à Françoise.

Les permissions sont rares et courtes. C'est en juillet, au cours d'un week-end qu'il passe à Paris, que Françoise lui apprend qu'elle attend un enfant ; elle espère que ce sera une fille et y croit dur comme fer. Elle écrit à son amie Claudine : « Je t'ai dit que je désirais une fille, pourquoi ? je n'en sais rien… je préfère avoir une fille à élever pour l'élever différemment de moi et pour voir s'il est possible de faire d'une fille dès sa petite enfance un personnage conscient de son originalité. » Dès le début de sa grossesse, elle décide d'entrer en rébellion contre les idées préconçues que sa mère lui a transmises – elles la dégoûtent et la révoltent. Prête à rompre définitivement, avec l'assentiment du futur père, elle provoque un clash familial. Elle refuse que son enfant soit éduquée dans l'idée qu'une fille est, par essence, insuffisante, inférieure et incapable d'égaler l'autre sexe. La mère prend acte et coupe les liens. Françoise se retrouve seule et enceinte, l'été à Paris. Ses beaux-parents vont l'héberger dans le Jura. Michel est muté à Baden-Baden, où Françoise ne pourra aller le rejoindre qu'une seule fois. Elle rentre à Paris fatiguée et démoralisée. La grossesse est difficile, le travail passionnant mais harassant, le salaire bas, trop bas pour vivre normalement. Michel supplie ses autorités pour obtenir une permission et aller à Paris. Il tente de remonter le moral de son épouse, mais se montre tout aussi inquiet qu'elle au sujet de leurs finances. Il va voir Lévi-Strauss à son laboratoire et propose à des éditeurs réputés d'écrire des textes sur l'Afrique. Pas de réponse. Françoise note dans son carnet : « Michel a des buts, des règles, des échéances. Moi je vagabonde. »

Françoise réussit à se faire intégrer au centre parisien de l'ORSTOM, l'Office de la recherche scientifique et technique outre-mer. Elle y est affectée à des tâches administratives. Ce n'est pas le paradis, mais cela lui permet de payer le loyer.

Jusqu'à la fin de sa grossesse elle continue à travailler d'arrache-pied – pas de congé maternité pour son statut –, tout en suivant le séminaire de Lévi-Strauss, devenu le lieu où il faut se montrer. Il y a maintenant tant de monde que la plupart des auditeurs restent debout – pas seulement des étudiants en ethnologie, mais aussi des scientifiques, des psychanalystes, des écrivains – pour l'écouter parler de l'avenir de l'ethnologie. Avenir sombre, déclare le maître. Les indigènes australiens disparaissent en raison de la famine, menacés jusque dans leur désert par le développement des recherches minières, l'installation des bases de recherche atomique et de stations spatiales expérimentales. Au Brésil, entre 1900 et 1950, quatre-vingt-dix tribus ont disparu. Quinze langues se sont perdues en moins de cinquante ans. Le rythme de l'extinction des populations n'a jamais été aussi terrifiant. Il reste donc de moins en moins de sociétés traditionnelles à étudier, et ces sociétés sont de plus en plus rétives à accepter d'être l'objet d'étude de leurs colonisateurs.

Pour autant, l'ethnologie serait-elle en train de mourir ? Non, répond Lévi-Strauss, à condition qu'elle se modernise et se réinvente. « Quand elle s'intéresse aujourd'hui à la logique des calculatrices électroniques, déclare-t-il dans une leçon au Collège de France, l'ethnologie ne s'écarte donc pas autant qu'on pourrait le supposer de la ligne qu'elle suivait il y a un ou deux siècles, quand elle croyait que l'étude de certaines coutumes bizarres et exotiques la menait aux limites extrêmes de la connaissance de l'homme. Comme science "interstitielle" vouée à l'exploration de cette frange mouvante qui sépare le possible de l'impossible, l'ethnologie durera autant que l'humanité, et elle est, en ce sens, éternelle. »

Françoise souscrit à cette définition de l'ethnologie comme « science interstitielle ». L'ethnologie n'est pas la description du sauvage ni l'étude du lointain, mais une méthode contemporaine pour rendre intelligible le chaos des faits sociaux, trouver l'ordre sous le désordre et tenter de mettre au jour les mécanismes universels de la pensée.

Catherine naît le 5 février 1960. Elle est brune comme sa mère, aussi belle qu'elle, « parfaite », dit le père, qui a droit à un mois de permission avant de rejoindre Oran, où il vient d'être affecté. Une photographie de Françoise et de sa fille montre la fierté et la joie de la nouvelle mère.

Michel quitte une femme et une mère comblée, aidée par ses beaux-parents et rassurée enfin sur son avenir professionnel : Lévi-Strauss vient de lui confirmer qu'elle intégrera son équipe en mars. Le salaire est de 900 francs par mois, ce que Michel, dans un courrier, trouve très mal payé. Il n'a pas tort, mais Françoise n'est pas du genre à barguigner. Elle accepte toutes les modalités. Quoi de mieux que de travailler avec son mentor, même si les conditions matérielles ne sont pas à la hauteur ? Sa philosophie dans la vie est de profiter du présent pleinement et de ne pas faire de plans sur la comète. Cette attitude lui sauvera plusieurs fois la mise. Pour l'instant, comme elle l'explique à son mari : « J'accepte tout pour ne pas goûter du bout des lèvres, sans me mettre véritablement à table, une carrière difficile. Puisque c'est Lévi-Strauss qui me le propose, il sait ce qu'il fait. »

Michel arrive en Algérie le 17 mars 1960, une Algérie algérienne. Il a la chance de ne pas se trouver affecté à des opérations militaires, mais cantonné à des tâches administratives. Il n'empêche que, comme la plupart de ses camarades appelés, il endure une politique qui ne dit pas son nom. Silence vénéneux. Silence officiel. Silence personnel. Plaies jamais suturées. Les sentiments de ces appelés pris dans les rets de la guerre vont être durablement affectés. Non seulement il est loin, mais il est inquiet et ne voit pas sa fille grandir à un âge où elle change tous les jours. Il sera séparé d'elle pendant sa première année et aura du mal à la retrouver lorsqu'il sera enfin libéré. Françoise, beaucoup plus tard dans sa vie, évoquera, avec des larmes dans les yeux, la distance que Michel avait vis-à-vis de Catherine. Faut-il voir dans cet éloignement involontaire la cause des tensions entre le père et la fille ?

Françoise aura le droit de venir lui rendre visite en novembre à Oran, où il appartient à la 53e Batterie Géographique Autonome et est affecté au fonds des cartes et plans. Même s'il s'y ennuie, il mesure sa chance de ne pas être sur le front. Elle lui apporte des disques de Miles Davis et lui fait découvrir Baden Powell. Elle lui parle avec passion d'*À bout de souffle* de Godard, qu'elle a vu à trois reprises tant elle était estomaquée par cette nouvelle manière de faire du cinéma, et du *Vent de la plaine* de Huston, qui l'a émue. Après des jours de bonheur où tout est suspendu, Françoise revient en France où l'attend sa double vie de mère et de chercheuse, sans parler de ce qu'on nomme maintenant la charge mentale. Elle est surchargée de travail. Catherine est souvent malade et elle est seule pour s'en occuper. On parle légitimement du sort des appelés, mais très peu de leurs femmes restées en France, souvent contraintes de vivre dans la précarité et dans une grande solitude.

Michel obtient de nouveau une « perm » et passe un peu de temps avec sa fille, qui ne le reconnaît pas, et sa femme, qu'il trouve très fatiguée. Il s'inquiète de son avenir professionnel, veut travailler dans la recherche et hésite à candidater à l'UNESCO ou à l'ONU. Françoise, elle, a pris de l'assurance, et Michel n'en revient pas : « Elle ne sait plus où donner de la tête. Elle qui redoutait tant naguère d'affronter le regard des gens est nommée chef de travaux à la VIe section et s'occupe du Centre africaniste qu'elle va créer et diriger. » Françoise a trop de travail et Michel n'en trouve pas.

Libéré en avril 1961, désireux de faire de l'épistémologie anthropologique – « un peu partout on ressent un impérieux besoin de mettre de l'ordre dans le bordel » –, Michel pense son avenir comme théoricien. Des deux, c'est lui qui, indéniablement, s'autoproclame l'intellectuel du couple. Françoise l'est aussi. Il ne le conteste pas, mais enfin, c'est une femme, qui a fait de la géographie et qui se lance maintenant dans l'ethnologie. Lui, depuis l'adolescence, est un être engagé, d'abord auprès des surréalistes, puis en philosophie ; il entend entreprendre de grands travaux sur le pouvoir en Afrique. Il ne considère pas Françoise comme sa collaboratrice, mais il lui demande tout de même une nouvelle fois de taper ses textes ! Le coup de l'épouse dactylo marche encore chez ces germano-pratins ayant le cœur à gauche. Françoise ne refuse pas, même si elle est débordée par ses propres travaux. Puis elle arrête, tant elle est surchargée. Gentille, bonne épouse, bonne mère, mais pas prête à se sacrifier.

« Le couple Izard a la cote et les projets s'amoncellent », note le mari. Dans le couple, c'est pourtant elle qui assure. Lui candidate, espère, attend. La création du Laboratoire d'anthropologie sociale qui accompagne la nomination de Claude Lévi-Strauss au Collège de France va changer la donne : tous deux feront, dès le début, partie de cette remarquable aventure, tout autant intellectuelle qu'amicale.

5 janvier 1960, 14 h 15, place Marcelin-Berthelot : les dames sont venues en manteau de fourrure et certaines

sont coiffées de chapeaux, les hommes sont cravatés en costume croisé ; on se croirait presque à un bal sans la voix des assesseurs qui enjoignent au public de s'asseoir et de faire silence. L'homme qui s'avance a le teint blanc, presque blême, et s'apprête à prononcer sa leçon inaugurale. Lui qui, dix ans auparavant, avait été rejeté violemment de cette institution et qui avait une seconde fois candidaté en vain, décide de franchir pour la troisième fois ce qu'il appelle son Rubicon. Le contexte intellectuel a changé et l'hostilité à son encontre au Collège de France a fortement diminué. De plus, il arrive dans une institution à laquelle appartiennent de grands intellectuels qui l'estiment et dont certains sont des amis, comme Maurice Merleau-Ponty, bien sûr, sans qui rien n'eût été possible, mais aussi Émile Benveniste et Georges Dumézil. Claude Lévi-Strauss entre au Collège en tant qu'inventeur d'une nouvelle discipline et non comme simple continuateur de l'ethnologie. D'ailleurs, l'intitulé de sa chaire, « Anthropologie sociale », le dit bien. Il intègre cette vénérable institution comme un « hérétique consacré », selon la magistrale expression de Pierre Bourdieu. Il est un homme célèbre et célébré tout en étant détesté par certains intellectuels, agacés par sa sécheresse théorique et son systématisme de pensée, et méprisé par des marxistes qui l'accusent de « désespérer Billancourt » et d'ignorer la lutte des classes.

Tous, amis comme ennemis, sont présents ce jour-là. Ils savent qu'ils vont assister à un moment important de leur vie intellectuelle, et pas seulement.

« Si le colonialisme n'avait pas existé, déclare-t-il en fin de leçon, l'essor de l'anthropologie eût été moins tardif ; mais, peut-être aussi, l'anthropologie n'eût-elle pas été incitée, comme c'est devenu son rôle, à remettre l'homme entier en cause, dans chacun de ses exemples particuliers. Notre science est arrivée à la maturité le jour où l'homme occidental a commencé à comprendre qu'il ne se comprendrait jamais lui-même, tant qu'à la surface de la Terre une seule race ou un seul peuple serait traité par lui comme un objet. Alors seulement l'anthropologie a pu s'affirmer pour ce qu'elle est : une entreprise, renouvelant et expiant la Renaissance, pour étendre l'humanisme à la mesure de l'humanité. »

Après avoir rendu hommage à ses maîtres en sociologie et expliqué comment et pourquoi il enseignerait une nouvelle manière de voir le monde, de le comprendre, en luttant contre tout racisme, Claude Lévi-Strauss, à la fin de son discours, dit sa dette à tous ces « sauvages » qui lui ont permis d'approcher ses propres vérités.

« Mes dernières paroles sont pour ces sauvages, dont l'obscure ténacité nous offre encore le moyen d'assigner aux faits humains leurs vraies dimensions : hommes et femmes qui, à l'instant où je parle, à des milliers de kilomètres d'ici, dans quelque savane rongée par les feux de brousse, ou dans une forêt ruisselante de pluie, retournent au campement pour partager une maigre pitance, et évoquer ensemble leurs dieux ; ces Indiens des tropiques, et leurs semblables de par le monde, qui m'ont enseigné leur pauvre savoir où tient, pourtant, l'essentiel des connaissances que vous m'avez chargé de transmettre à d'autres ; bientôt, hélas, tous voués à l'extinction, sous le choc des maladies et des modes de vie – pour eux, plus horribles encore – que nous leur avons apportés et envers qui j'ai contracté une dette dont je ne serais pas libéré, même si, à la place où vous m'avez mis, je pouvais justifier la tendresse qu'ils m'inspirent, et la reconnaissance que je leur porte, en continuant à me montrer, tel que je fus parmi eux, et tel que, parmi vous, je voudrais ne pas cesser d'être : leur élève et leur témoin. »

Difficile, malgré le nombre des années et la disparition de ce maître des émotions et de la langue de ne pas être ému aujourd'hui par la profondeur de sa sincérité.

Françoise parlait souvent de cette leçon et de l'émotion qu'elle lui avait procurée. Bien sûr, elle savait déjà comment les théories et concepts de son maître s'étaient élaborés, mais il se produisait toujours quelque chose de spécial quand Lévi-Strauss parlait : d'abord sa voix, son grain de voix, grave et tremblé, cette manière douce et brutale à la fois d'asséner son rapport au monde, sa violence poétique, les brusques accélérandos de sa pensée, cette mise hors de soi, cette intelligence continue sans béance, ces acrobaties intellectuelles à l'issue desquelles il retombait toujours sur ses pieds, ce rousseauisme paradoxal, cette forme d'ironie crépusculaire et ce désir de mettre à nu les choses essentielles, les ossatures.

Claude Lévi-Strauss, cinquante ans, possède depuis longtemps une expérience de chef d'équipe à São Paulo, à New

York et dans différentes institutions internationales comme l'UNESCO ; il est aussi un homme de pouvoir, de réseaux et d'équipe. Pour asseoir ses théories, les amplifier, il a besoin d'employer des jeunes qui s'associeront à ses recherches, les déployant sur plusieurs continents, quitte à dépasser le maître. Pour cette science naissante, Lévi-Strauss, qui, en entrant au Collège, ne peut ni avoir d'étudiants en thèse ni diriger une équipe de recherche, mais seulement enseigner, a l'idée de créer un laboratoire du même nom que sa chaire et rattaché à celle-ci, regroupant celles et ceux qui suivaient déjà son séminaire à l'École Pratique des Hautes Études, et de fonder une revue d'anthropologie internationale, *L'Homme*, du même niveau que *Man* en Grande-Bretagne ou *American Anthropologist* aux États-Unis. C'est en faisant ses visites de courtoisie aux autres professeurs lors de sa candidature qu'il a découvert le laboratoire de géologie, au dernier étage du bâtiment, avec des salles donnant sur la frondaison d'arbres centenaires. La chaire de géologie devenant vacante, il pourra emménager dans le laboratoire. Il y installera ses bibliothèques, son centre de documentation d'ethnologie comparée et trouvera de la place pour que vienne y travailler sa jeune bande. Françoise et Michel seront les premiers à l'y rejoindre.

10.

La reine du cabaret

À l'infini, ce qu'on nomme la brousse, vaste plaine, immense étendue d'épineux avec, de temps en temps des caïlcédrats, des karités et des baobabs imposants, annonciateurs de clairières à vif où les troncs des arbres sont coupés pour délimiter des champs de brousse temporaires, puis une forêt de balanzans, grands acacias qui, contrairement aux autres arbres, perdent leur feuillage à l'hivernage et le recouvrent pendant la saison sèche. Sa graine n'est fertile qu'après être passée par le transit intestinal des chèvres. C'est pour cette raison que le petit et le gros bétail y paissent dès la fin de la saison des pluies. Chaque village samo est entouré d'un vaste parc à balanzans. Un des plus beaux est celui de Gomboro. Au centre, une couronne de baobabs, puis le village massif avec ses maisons en terre et ses greniers.

Au cours de sa dernière mission, Françoise s'était arrêtée en pays samo et avait admiré la manière dont les communautés étaient organisées en demi-cercle. C'est à Bona, dans la région des hauts bassins, qu'elle décide de s'établir.

Aujourd'hui, au moment où j'écris ces lignes, ces villages sont devenus inaccessibles. Encerclés par des djihadistes qui sèment la terreur parmi la population depuis plus de deux ans et demi, ils sont hors d'atteinte, sauf par hélicoptère pour certains militaires qui viennent enquêter. La situation se dégrade à toute vitesse et le territoire de Daech augmente chaque jour. Les rares témoins craignent les représailles des djihadistes s'ils parlent pendant que les suspects se mêlent à la population. Les personnes soupçonnées d'actes terroristes ou de financement du djihadisme peuvent être maintenues en détention pendant toute la durée de l'instruction. Neuf cents présumés terroristes sont enfermés dans une prison secrète près de Ouagadougou. Le premier djihadiste jugé au Burkina Faso, depuis le début des attaques des groupes islamistes affiliés à Al-Qaïda et à l'État islamique au Grand Sahara, l'a été en octobre 2021. Abou Fadima – son nom de guerre – a été converti par un imam peul, fondateur du groupe djihadiste burkinabé Ansaroul Islam; il a été entraîné au maniement des armes puis envoyé en « mission », avec sa kalachnickov et un drapeau noir portant le sceau du prophète.

Pour Émile Zerbo, le procureur du pôle antiterroriste de Ouagadougou, les racines de ce djihadisme local sont multiples – appât du gain, vengeance vis-à-vis de l'armée, mais surtout peur et effroi. La plupart des paysans sont pris au piège dans leur propre village. Les djihadistes, dès qu'ils arrivent, sabotent les antennes téléphoniques, prennent les portables et surveillent les allées et venues. Les femmes doivent porter le voile, les hommes la barbe et des pantalons courts. Les abus des milices d'autodéfense s'ajoutent aux attaques djihadistes et aux exactions présumées des forces de sécurité. Issa, éleveur non loin du village où résidait Françoise, a été enlevé sur la route par des hommes cagoulés puis arrêté par la police et mis en prison plusieurs mois comme complice de terrorisme, avant d'être relâché faute de preuves. Poura, âgé de trente et un ans, alors qu'il faisait paître ses troupeaux près de Djibo, est arrêté de façon arbitraire pour association de malfaiteurs en relation avec une prétendue entreprise terroriste. Il restera trois ans en prison avant, lui aussi, d'être libéré faute de preuves.

Cycle infernal des représailles, absence de justice, perte de croyance en l'autorité de l'État.

Françoise avait suivi avec inquiétude la montée du terrorisme dans la région et avait été alertée par les attentats en Mauritanie à partir de 2007. Depuis, le Mali, le Niger et le Burkina Faso sont gangrenés par l'irrésistible progression d'une violence aveugle attribuée aux djihadistes. Anthropologue autant qu'historienne, elle observe, dès les débuts de son terrain, à l'aube des années 1960, la rapide progression de l'islam et a vu des émissaires libyens arriver à dos de dromadaire dans certains villages pour récolter des fonds dans le but de construire des mosquées. Elle note le recul de la religion catholique et l'effritement, lent mais conséquent, de l'animisme. Elle constate que l'islam s'implante de plus en plus vite dans les régions de la Haute-Volta, gagnées par le développement économique occidental. Devenir musulman, c'est accéder au monde moderne, croire à la réussite individuelle, refuser un sort assigné par le destin et par les ancêtres. Elle enregistre sur une place de village un chant improvisé de petites filles : « Je voudrais que mon père devienne musulman, il porterait un boubou et des babouches et il marcherait en traînant des pieds » – démarche qu'elles trouvent super élégante ! L'islam, par rapport au catholicisme, est une religion bouleversant moins les usages familiaux – comme l'acceptation de la polygamie –, plus aisée, plus simple à pratiquer et, surtout, note Françoise, « ressentie comme plus africaine et lavée de la tache d'être arrivée dans les fourgons du colonisateur ».

Dans un entretien accordé à *Mediapart* en février 2016, elle s'inquiétait de la remontée des fondamentalismes qui s'accompagne du renforcement de la domination masculine et elle affirmait que religion musulmane et islamisme portent la même empreinte : « C'est une même matrice avec cette perversion qui consiste à considérer que les textes dits sacrés doivent être entendus au pied de la lettre car rien n'aurait bougé. Et même en y ajoutant des interprétations qui sont devenues de plus en plus draconiennes. Ainsi dans les textes du Coran, il n'est jamais dit que les femmes doivent porter un tchador qui les rend presque invisibles. C'est une manière de tirer le même fil pour aller jusqu'au bout de ce que j'appelle l'enfermement définitif des femmes pour leur appropriation. »

Françoise a roulé en jeep toute la journée sur des routes défoncées et est très fière de ne pas avoir crevé. Le premier soir elle a été invitée à manger un plat de riz au gombo, à croupetons et avec les doigts. Elle l'a trouvé délicieux. Le deuxième soir, elle n'ose pas refuser et mange du bout des lèvres des sauterelles et des termites grillées. Le lendemain, en début de matinée, elle se sent rassurée : le chef du village vient de sacrifier des poulets.

Très vite elle comprend qu'elle doit être autonome et apprendra à tirer l'eau du puits sans poulie à force de bras. Elle saura plumer une pintade qu'on lui apporte vivante en cadeau, pour la déguster le soir avec ses voisins, et fabriquer le beurre de karité même si elle en trouve l'odeur un peu écœurante.

Elle survit à l'attaque inexplicable d'un essaim d'abeilles sauvages tout près du village. Elle apprend à distinguer les araignées royales, qui ne contournent pas les obstacles, sautent sur les genoux et ne sont pas dangereuses, des mygales et des scorpions. Elle supporte l'harmattan qui pourtant brûle les lèvres et assèche les poumons. Elle s'habitue à manger du lézard à la braise, du ragoût de python. Elle s'ébroue avec les enfants lorsqu'arrivent les premières pluies du mois de juin. Françoise s'instruit tous les jours. Françoise a toujours besoin d'apprendre. Elle est à l'école de la vie. Jamais en reste d'une émotion, d'une sensation, de la joie d'une rencontre, elle semble toujours étonnée. Françoise n'aime pas être bousculée. Elle avance lentement, systématiquement et ne met pas en chantier plusieurs problématiques en même temps sur le terrain. Elle attend d'avoir terminé une recherche avant d'en ouvrir une autre. Dans ses carnets, elle note ce qui la soucie puis barre au fur et à mesure. Sa perspicacité n'a d'égale que son esprit de synthèse. Pragmatique, jugeront certains, moi je dis cerveau bien organisé, personne qui va à l'essentiel, personnalité généreuse qui se laisse facilement approcher, d'abord parce qu'elle est curieuse de tempérament, pas méfiante, et aussi parce qu'elle aborde le monde avec confiance et une certaine innocence.

Françoise a une bonne constitution et une santé solide. Elle a renoncé à un certain attirail occidental – casque colonial, vêtements spécialisés, Range Rover –, mais ne veut pas pour autant imiter la manière dont ses voisines vivent. Elle se fait installer à côté de sa case un espace clos où elle peut faire sa toilette sans être vue, grâce à un secco – palissade en paille tressée –, elle pose une moustiquaire, filtre son eau et porte un grand chapeau. Le matin elle prend son Nescafé et ses biscottes avec de la confiture. La bouillie de mil froide ne passe décidément pas. Elle souhaite être une parmi les autres, mais pas à n'importe quel prix, ce qui nécessite à ses yeux une égalité de statut. L'accès aux vérités passe par un dépouillement de soi-même. Ne pas devenir l'Autre, rester soi pour mieux le comprendre.

C'est là un don qu'elle possédait, fait d'intuition et d'un grand sens de la tolérance. C'est aussi une méthode consistant à trouver mystérieux tout ce que nous faisons, et à ne rien tenir pour acquis. Elle, plus modeste, attribue cette propension à la chance. À sa persévérance aussi : tout de suite, elle décide d'apprendre la langue et accepte qu'on se moque d'elle lorsqu'un accent mal placé lui fait dire le contraire de ce qu'elle veut signifier. Vite acceptée, elle se plie aux rythmes du jour et de la nuit. Le matin, dès l'aube grise, elle est réveillée par le chant du coq et les chansons des femmes qui vont aux champs puis reviennent au village piler le mil. Torpeur des après-midis dans la chaleur sèche qui écrase les humains mais aussi les animaux. Les enfants recommencent à jouer vers cinq heures.

Puis la nuit tombe vite, d'un seul coup. Alors ouvre le cabaret, vers dix-sept heures trente, dix-huit heures, dans tous les villages samo, du moins quand les réserves de mil sont abondantes. Il se tient soit dans la cour de la femme qui l'a monté, soit sur la place du village. Françoise devient vite la reine du cabaret. D'abord, elle interroge les femmes sur la fabrication de la bière de mil, le temps qu'elle nécessite – douze jours –, les techniques. Elle comprend vite qu'autour du puits, entre femmes, s'échangent des recettes, des astuces pour ne pas se mettre en concurrence. La bière de mil n'est pas gratuite. Chaque femme la produit pour son propre compte, à partir du mil de son champ, soit – le plus souvent – pour le compte de son mari. La bière est servie dans une calebasse, dont le chef de terre détermine une fois par an l'étalon, et chaque bière coûte cinq francs CFA. Elle se boit tiède, à même la calebasse, après avoir mariné pendant des heures dans de grands canaris.

Françoise aime approcher ses lèvres du bois et faire couler le *ye*, cette sorte de bière au goût douceâtre et délicieux qui, mine de rien, fait vite tourner la tête. Elle s'assoit sur une vieille natte déchirée ou une écorce de baobab retournée pendant des soirées entières. Elle est la seule femme présente parmi les hommes du village, assis en cercles concentriques. Chaque cercle correspond à un lignage. On boit entre « pères », entre « frères », entre « fils ». Au centre de chaque cercle, un émissaire distribue la précieuse boisson en la versant dans

les calebasses fraîchement rincées. On boit à cinq dans la même calebasse. Françoise est un homme mossi comme les autres. À elle aussi on demande de ne pas mettre ses organes en contact direct avec la terre qui risquerait d'être rendue inféconde. Françoise observe que chaque premier buveur fait tomber quelques gouttes sur le sol avant de déguster. C'est une forme d'hommage aux pères défunts que Françoise saura imiter, geste qui sera très apprécié. Elle a trouvé dans l'assistance un homme, parmi les plus âgés, à qui elle a confié quelques billets et à qui elle fait signe quand elle veut offrir des coups ou boire de nouveau. Les nuits sont longues, douces et gaies. Françoise aime le *dolo* cuivré, brun, fruité et écoute les plaisanteries grivoises des hommes au milieu des cris, des rires et du tohu-bohu qui dure jusqu'à deux heures du matin les nuits de pleine lune.

11.

La faiseuse de pluie

Elle observe le coucher de soleil rougeoyant et soupire d'aise. Ici, à Bona, c'est chez elle ou presque. À chaque fois qu'elle arrive de France, c'est la même émotion de retrouver l'odeur de la terre et la lumière grise du jour. Ce matin-là, les femmes, après l'avoir palpée, l'ont escortée jusqu'à la case du chef de son lignage – celui qu'elle a adopté – pour qu'elle sache qu'à l'initiative du maître de la pluie un conseil villageois va avoir lieu. La pluie, c'est ce que tout le monde attend avec angoisse dès la fin de la saison sèche. La bonne pluie et non la pluie courte aux trop larges gouttes qui ne peut féconder la terre. Le maître de la pluie, porté par deux acolytes – il n'a pas le droit de courir ou de frapper le sol –, a un regard si puissant qu'il ne peut en croiser un autre. Sa charge sacrée implique qu'il ne partage jamais de natte ni de calebasse avec quiconque, tant sa force est incommensurable et précieuse. Le maître de la pluie n'a pas choisi de l'être. C'est le maître de la terre qui l'a désigné à la naissance et il ne peut en aucun cas se dérober à sa tâche. Certains ont une bonne

« tête » pour faire venir la pluie et le village est alors envié, d'autres, au contraire, sont inefficaces et le village courbe le dos. Le conseil ne réunit que les hommes, à l'exception de Françoise, considérée comme une « sœur » venue d'Europe, qui cherche à comprendre le sens des rituels.

La parole, parmi ceux qui ont le droit de la prendre, est distribuée selon un ordre strict. Françoise, sur son carnet, note tout. Les grands rites pour faire venir la pluie doivent « ouvrir son chemin ». Ce jour-là, des fautes ont été commises qui expliquent pourquoi elle n'est pas encore tombée. Un des « crimes » les plus importants est la fornication en brousse. Le maître de la pluie doit donc désigner le coupable et lui demander, en guise de réparation, d'immoler un agneau sur l'autel de la pluie. Les devins ont statué : il faut honorer les autels, donner de la bière de mil et sacrifier quelques animaux sous peine de voir la sécheresse s'abattre comme une épidémie. Il ne s'agit pas pour Françoise de raconter sa vie chez les Autres, mais d'inviter les Autres à pénétrer leurs moyens de pensée.

Françoise arrive sur son terrain au moment de la proclamation de l'indépendance et va vite s'apercevoir que les

sociétés villageoises où elle travaille sont en train – devant ses yeux – de perdre leurs rituels, leurs modes de fonctionnement au profit de l'islam qui progresse, notamment dans le sud du pays, à toute vitesse. Elle se rend compte aussi très vite que ce sont les femmes qui se mettent en première ligne pour défendre les traditions. La survivance des formes de pensée et des croyances, comme le sacrifice aux autels de la pluie, est surtout assurée par les femmes, qui sont beaucoup plus rétives à l'islam que leurs frères ou leurs maris et encouragent en sous-main les vieux chefs de lignage à assumer leur charge pour parler aux esprits. Sans doute par peur de s'attirer la vengeance des esprits délaissés, mais aussi parce qu'elles croient aux bienfaits des sacrifices faits sur l'autel de la pluie. Ainsi, un beau jour, Françoise se trouvera-t-elle, bien malgré elle, considérée comme dotée de pouvoirs occultes exceptionnels. Arrivée dans un village délaissé par les chefs traditionnels depuis des années, elle est accueillie par des femmes qui – parce qu'elle est une femme – l'emmènent dans un bois sacré où est dressé l'autel de la pluie, à l'abandon. Les femmes lui font comprendre que la sécheresse sévit depuis longtemps et déplorent l'absence de culte. Françoise prend des photos et dessine l'autel sur son carnet. La pire heure arrive – midi – et chacun s'assoit et s'assoupit sous un fromager. Une heure plus tard le ciel s'assombrit, de gros nuages noirs crèvent et arrosent le village. Une délégation de femmes vient immédiatement la voir pour la remercier. Elles établissent un rapport de cause à effet entre l'attention qu'a prêtée Françoise, le matin même, à l'autel de la pluie et l'orage, et elles sont fières que ce soit un étranger – en l'occurrence une étrangère – qui montre aux Samo qu'ils font fausse route en abandonnant leurs traditions. Elles demandent de parler à leurs maris pour les convaincre de pratiquer. Françoise refuse, mais les femmes du village continuent à la considérer comme la faiseuse de pluie.

12.

La robe rouge

Ce matin-là, elle a mis une robe rouge sans manches, ses lunettes de soleil et a pris son magnétophone. Turu Zerbo, son « informateur », ancien d'Indochine, qui joue le rôle de traducteur et est devenu, au fil des années, un ami, l'attend devant sa case. Ils doivent partir au village voisin pour suivre des cérémonies.

Elle s'avance vers la place du village pour s'approcher des autels. Les hommes, assis sur des nattes, ont déjà commencé leurs litanies et psalmodient. On ne la laisse pas avancer. Elle comprend qu'elle ne peut pas s'asseoir, pas participer, pas enregistrer. Elle, d'habitude si bien acceptée, si considérée, saisit qu'elle est un facteur de désordre et qu'elle doit décamper. Elle recule, aidée par son informateur apeuré, Turu Zerbo, qui lui dit qu'elle est en danger.

> Les arbres sacrés et vous,
> vous êtes frères de même mère.
> Nous vous disons, *tyiri* et fossoyeurs :

nous vivons pour vous,
nous sommes là,
nos ventres réclament auprès de vous.
Que Dieu vous donne une parole unique !

Les chants continuent. Il n'y a que des hommes dans l'assemblée. Françoise va se changer, revient et ne portera plus jamais de rouge. Elle apprend en effet un peu plus tard que le rouge, *furu*, est associé à la fureur, à la rage, à l'agressivité. C'est parce que la terre n'aime pas que le rouge, qui est sa couleur, soit portée par des humains, qu'il ne faut pas s'approcher des autels. Il s'agissait donc de la protéger d'une éventuelle vengeance, qui aurait pu l'amener à disparaître par consomption.

Françoise n'est pas une femme samo, mais elle est une femme, et elle fut la première à enquêter, dès son arrivée sur le terrain, sur l'inégalité qui règne entre les femmes et les hommes, à la fois dans leur vie quotidienne et dans leur statut symbolique. Levées avant l'aube lors de la saison sèche, les femmes sont au puits dès quatre heures du matin. En soufflant de manière saccadée, les plus vieilles comme les plus jeunes tirent l'eau à la force des bras, dans des puisettes rondes en peau de bœuf, jusqu'à soixante mètres de profondeur. Elles pilent le mil à deux ou trois dans le même mortier, vont aux champs s'occuper des plantations et dans la brousse trouver les végétaux et les fruits qui accompagnent les repas, préparent le déjeuner des enfants, repartent aux champs, et les femmes mariées préparent sur leur foyer à

trois pierres le repas du soir : bouillie de mil chaude accompagnée de sauce, préparée et consommée selon des règles précises. La première épouse – qui a été généralement promise dès l'âge de trois ans – se fait construire sa cuisine, la seconde, comme la troisième, puis la quatrième des co-épouses devront attendre chacune plus de six mois avant d'être consacrées et de pouvoir s'approcher du foyer. Le jour où une des femmes cuisine est le jour où le mari passe la nuit avec elle.

Chacun vit dans sa propre concession selon des règles familiales très précises et, si la solidarité existe entre les familles, elle ne joue plus quand un individu est seul, malade ou fragilisé. Ainsi Françoise s'est-elle retrouvée à trois reprises dans la situation délicate de se voir mettre un bébé dans les bras, dont la mère venait de mourir en couches et qui était donc suspecte d'apporter le malheur dans le village, par une grand-mère éplorée lui demandant de l'aider à convaincre des femmes allaitantes de le nourrir. C'est le bébé qui est censé avoir tué sa mère. Il n'est donc pas question de l'aider à vivre. Chaque fois, Françoise a pris sa voiture jusqu'à Ouagadougou, elle a fait provision de biberons et de lait en poudre, et a appris à la grand-mère à doser le biberon. Au bout de six mois elle leur a donné de la bouillie de mil diluée. Ce fut une joie et un grand contentement de les voir grandir. Ces trois enfants furent appelés Lâsaragulé, les « fils de l'Européenne ».

13.

La conductrice du destin

Le destin de l'homme, c'est un projet de vie avec les autres et non l'accomplissement aveugle de lois subtiles. C'est d'arriver à vivre les uns avec les autres et de se donner les moyens éthiques et politiques de le faire.

Françoise revient admirative de cette société samo dont elle a pénétré progressivement les modes de pensée et les règles, tant leur respect de chacun dans la communauté est central. La manière de régler les conflits est équitable et sans violences irréparables. L'unité villageoise, regroupée dans des quartiers par lignages, s'applique, par le biais de ses deux « chefs » – chef de la terre, chef de la pluie –, à tendre vers le bien commun par la cohésion et la volonté collective – dussent ces procédures durer longtemps – plutôt que par la contrainte. La justice traditionnelle villageoise s'exerce encore, malgré les lois de l'État. L'exercice des solidarités tient plus de place que la demande de vengeance et de réparation des torts. D'ailleurs, quand il y a rupture du contrat social – et cela arrive, évidemment –, des intercesseurs sont chargés non pas de déterminer qui a tort et qui a raison, mais d'amener les deux parties opposées à se réconcilier pour le bien de la communauté. Tout ce qui dépend du village est décidé en commun et, *in fine*, tous les habitants sont censés participer.

Le pouvoir politique n'est pas le registre choisi par Françoise, même si elle prête main-forte à Michel, qui lance avec elle un long et ambitieux projet de recherche sur l'histoire de l'organisation des peuples de la Haute-Volta. Sur les sept cents villages du Yatenga – au nord-ouest de la Haute-Volta –, ils en ont déjà étudié plus de la moitié au milieu des années 1960, en menant des enquêtes sur les histoires épiques et les récits dynastiques. Travail de titan qui nécessitera l'apport de quatre autres ethnologues et débouchera sur un atlas historique de la Haute-Volta. Progressivement, Françoise trouve sa « chambre à soi » en anthropologie et s'éloigne, d'abord intellectuellement, puis amoureusement, de Michel. Lui se spécialisera dans l'anthropologie historique et politique et écrira, tout en dirigeant une équipe de recherche sur le terrain, une œuvre monumentale sur le Yatenga, en constituant des « archives orales » et en démontrant à ceux qui prétendent le contraire que, oui, l'Afrique a, comme les autres civilisations, un passé glorieux, qu'il a su scientifiquement établir.

Françoise choisit les Samo, Michel restera chez les Mossi. Françoise s'attache non à la quantité des villages étudiés, mais à la qualité des relations qu'elle peut nouer avec les villageoises et les villageois. Douée d'un tempérament curieux, se revendiquant pipelette, elle se spécialise progressivement dans les histoires familiales de chacun et établit les arbres généalogiques par terre, devant les cases, avec l'aide active des femmes et des enfants. Cette activité à la fois concrète et théorique lui plaît. Elle le fait par goût, sans se douter qu'elle deviendra en Europe l'une des éminentes spécialistes de la parenté. À l'époque, ces jeunes ethnologues cherchent et se cherchent dans une discipline qui, certes, possède son maître, avec Lévi-Strauss, mais n'a pas encore véritablement défini ses grandes thématiques.

Cet esprit d'aventure, cet art du contact, cet amour du terrain, ce goût des rencontres qui vous marquent et qui vous modifient, ce sens de la réciprocité – je viens chez vous, dit Françoise, pour apprendre de vous, mais je suis ouverte à toutes vos questions sur moi – se ressentent dans les échanges qu'elle a avec ses amis et collègues durant les mois où elle rentre à Paris et quand elle évoque ses travaux dans ses comptes rendus de mission. Dans sa correspondance elle explique qu'elle cherche de l'argent pour repartir le plus vite possible sur le terrain. L'Afrique lui manque. Et surtout, sa vie à Paris lui semble bien dérisoire et compliquée tant sur le plan amoureux que de la vie quotidienne. Michel ne peut s'empêcher de « papillonner » et semble avoir beaucoup de succès. Elle, elle s'occupe des courses et rentre le soir à la maison raconter des histoires à sa fille pour l'endormir pendant que le père fait le joli cœur.

Alors elle imagine son prochain départ avec Catherine : elle sait que toutes deux seront accueillies comme des reines par les femmes du village où elle a fait construire sa petite case. Elle travaille d'arrache-pied à mettre en ordre tous ses matériaux, une masse d'informations considérable tant sur les croyances et les mythologies que sur les règles de parenté. Elle participe à des conférences d'africanistes et est invitée dans les cercles les plus prisés à exposer le fruit de ses recherches. Elle évoque avec brio les mythes d'origine de la société samo devant des chercheurs aguerris, comme Germaine Dieterlen et Jean Rouch, qui la bombardent de questions de spécialistes auxquelles elle répond rigoureusement, en faisant preuve de précision et d'une grande assurance. Chacun y va de son expérience durant ces échanges passionnants où il ne s'agit pas de piéger l'autre, mais de partager les savoirs à un moment où l'ethnologie a le vent en poupe. On sent bien que Françoise fait partie du clan des « confirmés ».

« Autrefois les hommes vivaient au ciel. Il y avait là le chef des fossoyeurs avec sa femme et beaucoup d'hommes derrière lui. La femme n'arrivait pas à les nourrir. Au fur et à mesure qu'elle pilait et écrasait le mil, puisait l'eau, faisait la cuisine, tout était mangé et bu avant même qu'elle n'ait eu le temps d'achever le repas et elle-même n'avait rien. Un jour, lasse, elle dit à son mari : "Je veux partir, je suis fatiguée." Son mari lui dit "prends patience", et c'est lui qui partit. Sur son chemin il rencontre une vieille femme [...] qui lui dit de rentrer chez lui et de suivre le lendemain une chose rouge qu'il verra. La chose rouge est la langue de la vieille femme... »

Françoise raconte le mythe d'origine des Samo dont elle a enregistré plusieurs variantes dans différentes fêtes de village. Françoise parle. Et tout le monde l'écoute. Françoise

de femmes, qu'il appelle par leur prénom alors qu'il nomme les chercheurs par leur nom. Beaucoup de couples évoluent dans cette ambiance quelquefois vaudevillesque – on échange ses maris – ou tragique, comme le jour où l'une d'entre elles, Arlette Frigout, spécialiste des Indiens Hopi et Pueblo, se croyant aimée de Lévi-Strauss, débarque armée d'un revolver et lui intime l'ordre de quitter sa femme sur-le-champ pour vivre avec elle. Lévi-Strauss réussira à lui faire abandonner son arme après des heures de discussions. Arlette sera renvoyée du laboratoire et se suicidera quelques années plus tard.

La vie de Françoise est studieuse, remplie de tâches administratives et d'autres, plus exaltantes, ethnologiques. Malgré ses fonctions, elle assure le quotidien d'une femme... pas vraiment libérée. Comme bon nombre de femmes, elle est à la fois mère, travailleuse et responsable du foyer ; elle est de plus en plus seule à s'occuper de sa fille Catherine – Michel a toujours des choses plus importantes à faire –, et elle tente de rédiger tard le soir des articles à partir des centaines et centaines de notes, dessins et schémas accumulés sur le terrain.

L'ambiance intellectuelle de ce début des années 1970 est excitante, étourdissante, virevoltante. Pour ces jeunes quadragénaires dans la force de l'âge, elle s'accompagne d'un mode de vie collectif où l'amitié joue un rôle prépondérant. Françoise est de tempérament fidèle en amour, Michel moins, et il veut convaincre sa femme d'imiter le couple Sartre-Beauvoir. Il a, par exemple, interdit à Françoise de partir avec lui de l'appartement où ils habitent à Antony pour qu'ils n'arrivent pas en même temps au séminaire du maître ! Françoise est également fidèle en amitié. Elle aime voir ses copines, Anne, Marguerite, Michèle, Denise en tête à tête, ou aller avec elles au ciné revoir *Cyclone à la Jamaïque* ou *Le Trésor de la Sierra Madre*. Elle est incollable en westerns, en Buster Keaton aussi.

Des dîners réguliers ont lieu avec la bande des « ethno », comme on les appelle, qui réunissent les mêmes amis : Michel, Fred, Pierre, Jean et leurs compagnes (dont je suis) ; on y refait le monde, on parle de société sans État, on boit beaucoup, beaucoup, on ne danse jamais (à mon grand regret, ils disent qu'ils ne savent pas) et on mange très mal, car aucun de ces grands intellos ne s'intéresse (encore) aux plaisirs de la cuisine. L'été on se retrouve dans les Cévennes, où l'on nous prend pour des post-soixante-huitards. On fait copain copain avec d'ex-maos éleveurs de moutons, qui nous louent leurs baraques inconfortables à bas prix. C'est là-bas qu'Éliane de Latour va rencontrer Françoise, et cette rencontre changera sa vie. À l'époque, Éliane faisait des études à Sciences Po et à la Sorbonne. Françoise l'aide ensuite à partir sur le terrain, à passer sa thèse et la soutiendra durant toute sa carrière.

Françoise est généreuse, bienveillante, « transmetteuse » et le restera toute sa vie. Elle fera preuve de toutes ces qualités aussi auprès de ses étudiants lorsqu'elle sera amenée à enseigner à l'École des Hautes Études en Sciences Sociales ; et, quand elle réussit quelque chose, un séminaire, un article, elle prétend toujours que c'est grâce au travail collectif.

« Alterner, retrouver, rester soi-même comme un pivot dans son monde, que recoupent tant d'autres mondes imaginaires, mais tenter de comprendre les imaginaires des autres et même d'y trouver une place plus ou moins justifiée », note-t-elle dans *Au gré des jours*.

Elle obtient la médaille d'argent du CNRS en 1978 dans le domaine des sciences humaines pour ses travaux sur le « fonctionnement des systèmes de parenté et d'alliance ». L'intitulé, à lui seul, témoigne de la difficulté de ses recherches. Mazette ! Tout le monde ne peut pas comprendre ce domaine si particulier de l'ethnologie, rendu célèbre par Lévi-Strauss, mais assez peu étudié tant il est ardu, sur le plan logique et mathématique, à cartographier. Françoise, la première, s'étonne d'être si à l'aise lorsqu'elle fait un arbre généalogique ou qu'elle demande à des Samo de lui expliquer les règles d'alliance et de mariage. Elle prétend que ce sont les commérages de ses deux grands-mères, qui ne pouvaient s'entendre que lorsqu'elles parlaient des liens familiaux, qui l'ont entraînée à comprendre naturellement ce genre de subtilité. Elles discutaient sans cesse des rapports de parenté unissant les personnes qu'elles connaissaient. Cela donnait : « La fille à la Martine qui a épousé le fils du boulanger de la Chenale, ils se sont rencontrés lors du mariage de son cousin, pas à la Martine mais du boulanger de la Chenale qui, lui, avait épousé une cousine germaine de la fille à la Martine. »

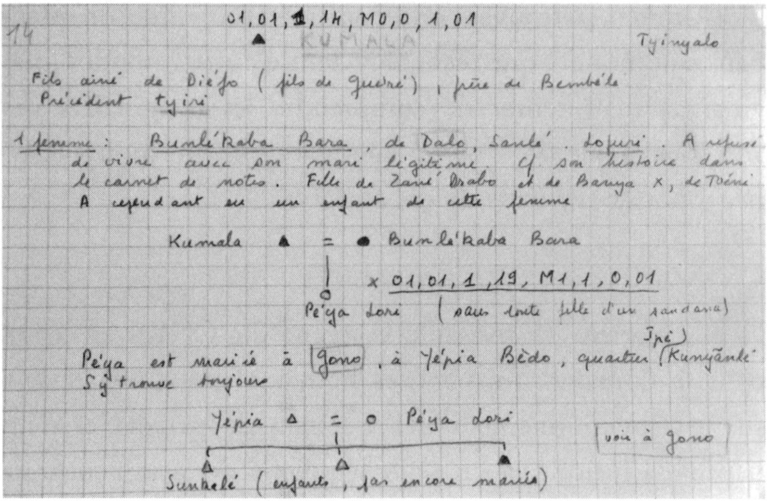
14
01,01,1,14,M0,0,1,01
KUMALA
Tyinyalo

Fils aîné de Diéfo (fils de Guéré), père de Bembélé
Président tyiri

1 femme : Bunlé'kaba Bara, de Dalo, Sanlé. Lofuri. A refusé de vivre avec son mari légitime. Cf. son histoire dans le carnet de notes. Fille de Zané Drabo et de Banya X, de Toéni
A cependant eu un enfant de cette femme

Kumala ▲ = ● Bunlé'kaba Bara
x 01,01,1,19,M1,1,0,01
Pé'ya Lori (pas toute fille d'un sandana)

Péya est mariée à Gono, à Yépia Bèdo, quartier (Kunyanlé Ipé)
S'y trouve toujours

Yépia △ = ○ Péya Lori
voir à Gono
Sunkelé (enfants, pas encore mariés)

Décryptage simple pour Françoise (pas pour moi, qui suis perdue par tant de données simultanées qu'il faut ordonner à toute vitesse dans son cerveau) : ce n'est rien d'autre que le mariage de deux cousins germains avec deux cousines germaines. Pas de quoi s'affoler ni trouver cela compliqué. Certes pas pour elle, rompue dès l'enfance à ce genre de gymnastique mentale et adorant les énigmes, les charades, les chasses au trésor. À Caroline Broué, dans le beau livre d'entretiens publié sous le titre *L'Identique et le Différent*, elle pose la question, faussement innocente : « Supposez que je vous demande, à vous, par quel terme vous désignez le fils de la fille du frère de la mère de votre père, et je suis sûre qu'il vous faudra plus qu'un petit temps pour me répondre qu'il ne s'agit que d'un cousin issu de germain. » Que toutes celles et tous ceux qui, comme moi, ont du mal à établir leur arbre généalogique s'abstiennent.

Pour Françoise, les systèmes de parenté et d'alliance représentent l'une des plus belles inventions de l'esprit humain et obéissent dans leurs vérités limitées à des lois d'organisation mentale qui se retrouvent, à quelques nuances près, dans tous les groupes humains. Il n'existe qu'un nombre restreint de modèles. Françoise est allée sur le terrain, dès la première fois, chez les Samo, parce qu'il lui semblait qu'ils avaient un système de parenté particulier. Elle est partie chargée de cahiers qui faisaient l'inventaire de toutes les situations de parenté et d'alliance possibles sur cinq générations. Patatras ! Tout s'écroule rapidement lors des conversations avec les villageois, qui ne comprennent pas où elle veut en venir. Françoise ne se démonte pas et invente une méthode artisanale – on n'est pas pour rien une disciple convaincue de Lévi-Strauss, lui qui a tellement réhabilité le bricolage. Elle prend des cauris – des coquillages blancs – pour représenter le sexe féminin, des cailloux tranchants pour le sexe masculin, ainsi que des allumettes et ou des petits bouts de bois pour figurer les relations et explique : alors là, je place un cauri, c'est votre mère ; un caillou, c'est votre père ; et là, votre fille. Cela a tellement bien marché que chacune, chacun, continuait selon sa propre logique et non celle de Françoise. Chaque soir, elle recopiait ce que les Samo lui avaient appris et intégrait leurs propres schémas de pensée, ce qui, au bout d'un certain temps, lui permit de comprendre comment les enfants arrivaient à s'y reconnaître dans un système extrêmement compliqué.

Ce mélange d'intuition et d'appétence théorique sera sa marque de fabrique en anthropologie et lui permettra de prendre son envol et d'affirmer son originalité dans un milieu où toutes et tous brillent par leur intelligence. Trouver les outils susceptibles de renouveler la recherche dans le but de découvrir des lois qui régissent l'universel sera sa tâche et son obsession, même si elle cachera longtemps ses ambitions à ses amis, tant elle croit peu en elle-même.

« Un doute profond habite ma légitimité à être là où je suis et même à être ce que je suis », écrit-elle dans son dernier ouvrage, *Au gré des jours*.

14.

L'amoureuse

« Faites votre propre expérience. Quand vous arrivez à saisir le fil évanescent de votre pensée en train de se faire, sentez-vous que vous l'articulez intérieurement avec netteté ? Ou bien lisez-vous comme sur un prompteur ou comme sur les lèvres ? Avez-vous la sensation d'une présence, d'un manipulateur bavard en vous ? »

Françoise est toujours en recherche d'elle-même ; sensible, profonde, discrète. Comme un chat – elle les aimait tant : j'ai retrouvé aux Archives nationales de nombreux albums de photos… de ses chats successifs et, en les découvrant, pris sur le vif avec tant d'amour, j'ai eu les larmes aux yeux et me suis dit : Françoise Héritier est l'une des plus grandes intellectuelles de son siècle, mais c'est aussi une dame à chats – elle sent les situations et prend les devants.

Avec Michel, les rapports se compliquent. Au Laboratoire d'anthropologie sociale l'ambiance se tend, et ils se trouvent

ensemble toute la journée au même endroit, à une période où une certaine liberté sexuelle règne entre les membres de l'équipe. Les flirts sont autorisés entre collègues, voire bien vus. Françoise, ce n'est pas tellement son genre de papillonner, même si elle entretient un temps une liaison discrète avec Yves Coppens qui, lui, continue à vivre avec son épouse. Au fond, beaucoup trop de choses la requièrent intellectuellement, psychiquement, familialement. Michel, oui, l'amour libre continue à le tenter. Influence encore des surréalistes ainsi que de mai 68 et de la liberté sexuelle ? Pouvoir de séduction incontestable ou lassitude de la vie de couple avec Françoise ? Sans doute les deux à la fois, et la petite Catherine, qui grandit et conteste sans cesse l'autorité de son père, n'ajoute guère à l'envie de Michel de rejoindre chaque soir le foyer conjugal.

Fin 1971 se tient un colloque préparé depuis plus d'un an par une cohorte de chercheurs et qui porte sur « la notion de personne en Afrique noire ». Tous les grands pontes sont là, venus de toute l'Europe. Germaine Dieterlen ouvre le bal. Françoise est invitée à parler le second jour, Marc Augé le dernier. Elle était à la tribune et parlait de l'identité samo lorsqu'il l'a vue pour la première fois. Elle succédait à Hampâté Bâ. Il se souvient comme si c'était hier qu'elle parlait de sorcellerie et de mythologie et que leurs regards se sont croisés. Elle a souri. Il a eu le coup de foudre. En tout cas, c'est ce qu'il dit, dans cette résidence pour seniors où il vit désormais et où – en tant qu'homme « bien conservé » et bien élevé – il est très demandé, l'après-midi, pour jouer au bridge ou au rami par ces dames assez sexy qui apprécient ses beaux yeux bleus et sa manière bohème et élégante de s'habiller.

À la fin de la journée, Françoise et lui repartiront ensemble, dormiront ensemble, se reverront le lendemain puis les lendemains des lendemains. Aussi incroyable que cela puisse paraître, alors qu'ils ont en commun l'ethnologie, l'Afrique, Lévi-Strauss, ils ne s'étaient jamais rencontrés. Ils vont d'abord cacher leur amour. Marc est marié, père de deux filles, et n'a rien à reprocher à son épouse.

Françoise vit avec Catherine une relation fusionnelle, entretenue et décuplée par les séjours qu'elles ont faits toutes les deux en Haute-Volta où la petite fut considérée comme une princesse par les habitants de Tougan. Elle se sentait à l'aise avec les enfants comme avec les adultes, jouait, dansait, apprenait la langue et ne trouvait pas gênant que les vieilles femmes lui palpent régulièrement le ventre, étonnées de voir qu'elle n'avait pas « le gros ventre », signe du kwashiorkor, syndrome dû à la malnutrition. La présence de Catherine a beaucoup aidé Françoise à se faire accepter des femmes et des enfants, et elle lui en a été très reconnaissante. « Reine impavide, elle ne se plaignait nullement de cette vie bizarre que je lui faisais mener », écrit Françoise. Catherine préférait être en Afrique avec sa mère qu'à Paris, où elle souffrait de la désaffection de son père. Catherine vivait dans ce paradis d'une Afrique qu'aurait pu lui faire partager son père. Alors elle demande à sa mère de lui raconter les contes, les mythologies et écoute le soir des enregistrements des litanies des chefs de la pluie. Catherine est une enfant sensible, différente, vite exaltée, profondément blessée par l'absence de reconnaissance de son père, qu'elle se mettra à haïr dès les débuts de l'adolescence, au point de vouloir changer de nom de famille. Le couple mère-fille perdurera. Marc décide de louer un appartement pour vivre avec ses filles et rejoint Françoise certains soirs.

Françoise vit l'amour fou. Physiquement, intellectuellement. Elle partage tout avec Marc : sa passion des chats, de la bonne cuisine traditionnelle, son sens de l'amitié, ses blagues, son goût pour les chansons et les jeux de cartes et, bien sûr, son amour de l'Afrique. Ensemble ils partent passer les vacances dans le village natal de Françoise, en Livradois, où elle a acheté une petite maison. Ils aiment marcher pendant des heures, cueillir les champignons, inviter les copains, préparer de bons dîners. Ils mettront deux ans à officialiser leur liaison et se marieront juste avant la nomination de Françoise au Collège de France, « histoire de régulariser », dit-elle à son amie Monique Chevallier. Leur mariage en effet ne donnera pas lieu à une grande fête, mais à un simple dîner entre amis. Pas de quoi mettre en pleine lumière, de manière ostentatoire, une alliance – pour reprendre le terme technique du vocabulaire de la parenté – entre deux « pontes ». Cela fait pâlir d'envie des membres de la profession, qui trouvent qu'ils cumulent tout : pouvoir hiérarchique, puissance institutionnelle, reconnaissance médiatique.

Printemps 2021. Le second confinement nous oblige à nous donner rendez-vous à l'extérieur. Marc et Chahdortt Djavann, son ex-compagne, la dernière, ont choisi la place du Panthéon. Mais elle est grande cette place... J'attends dans le vent glacé et, comme le portable de Marc ne répond pas, je m'apprête à partir quand je vois arriver, marchant à petits pas avec son déambulateur, un prince élégant aux habits raffinés, au sourire éclatant, qui m'invite à m'asseoir comme s'il était chez lui au milieu du vacarme des voitures. « C'est parce que c'était elle, c'est parce que c'était moi. Ça ne s'explique pas l'amour, ça se vit. J'ai été obligé de quitter ma femme. Françoise ne transigeait pas sur ce genre de choses et nous avons mis du temps à officialiser notre liaison, que tout le monde parmi nos copains pressentait. C'était elle avec sa joie turbulente, ses éclats de rire, sa douceur, sa bienveillance, mais c'était elle avec son type d'intelligence qui forçait mon admiration. » La conversation prend un tour intime, et Chahdortt, élégamment, s'éloigne. Marc déroule son histoire amoureuse et parle de ses regrets, de ses erreurs. Marc me regarde droit dans les yeux et me dit qu'il a fait une sacrée connerie en tombant amoureux d'une autre femme latino-américaine. Marc veut se justifier, et moi je n'ai pas envie d'entendre. Me reviennent en mémoire les nombreux albums photographiques que Françoise a faits de Marc, conservés aux Archives nationales. Marc en Égypte, Marc en Italie, Marc au bord de la mer, Marc au volant de sa voiture, Marc et ses filles, Marc en train de danser, Marc et elle enlacés, si beaux, si fitzgéraldiens. Marc a tout pour plaire à Françoise : cultivé, drôle, ethnologue mais pas dans l'obédience du grand maître, amoureux de la littérature, savant mais ne se prenant pas au sérieux, rêveur qui fait un pas de côté par rapport à la réalité, écrivain qui, au fil du temps, va faire de l'ethnologie une discipline du décentrement, un exercice de poésie du quotidien.

Tout les rapproche et on pourrait penser qu'ils sont trop « identiques » – pour reprendre une catégorie chère à Françoise – pour que ça marche. Bien au contraire, ils vivront une longue idylle amoureuse que viendra cimenter une admiration réciproque.

Claude Lévi-Strauss continue à venir au laboratoire deux fois par semaine, mais il ne cache pas que, depuis qu'il est entré à l'Académie française, il veut se délester de certaines de ses responsabilités et profiter de son temps. Celui qui écrivait dans *De près et de loin* : « quand je travaille je vis des moments d'angoisse mais quand je ne travaille pas, j'éprouve un morne ennui et ma conscience me taraude. La vie de travail n'est pas plus gaie que l'autre, mais au moins on ne sent pas le temps passer » a changé de discours. Cet homme qui a toujours mis le labeur en avant – il a travaillé depuis l'aube jusqu'au cœur de la nuit pendant des décennies – décide de profiter de la vie, de voyager et d'écrire à son rythme. Considéré en 1980, parmi six cents personnalités du monde de la culture, comme l'homme le plus célèbre et le plus influent, devant Raymond Aron et Michel Foucault, il n'y est que très peu sensible, récusant depuis longtemps l'appellation de maître à penser devant la complexité du monde. Il a à cœur cependant de pérenniser son œuvre de structuraliste à l'intérieur du Collège de France et veille au bon fonctionnement démocratique du labo : tout le monde vote pour les décisions – même celles qui portent sur le budget –, y compris les personnes qui font le ménage, car il n'y a pas de chef. Lui, si austère et solitaire, souhaite désormais faire comprendre ce qu'est le structuralisme en donnant des entretiens grand public, par exemple à Bernard Pivot, face à qui sa parole se révèle d'une limpidité exceptionnelle et sa manière de parler captivante. Il n'y a plus ni schèmes, ni signifiés, ni chaînes syntagmatiques, ni ensembles paradigmatiques. Toute la quincaillerie conceptuelle, comme disent les esprits chagrins, est désormais reléguée aux oubliettes. Mieux : il se gausse de ses ennemis (et ils sont nombreux en philosophie et en histoire) et explique que ce n'est pas de sa faute s'il est structuraliste, car il l'est… de naissance. À Didier Éribon, dans son livre de dialogues *De près et de loin*, il explique, goguenard : « Vous m'interrogiez sur les influences que j'ai subies. Au fond, je suis un kantien vulgaire ; et en même temps, peut-être, structuraliste de naissance : ma mère m'a raconté qu'incapable encore de me promener à pied et bien loin de savoir lire, je me suis écrié un jour du fond de ma poussette que les trois premières lettres des enseignes du boucher et du boulanger devaient signifier “bou”, puisqu’elles étaient pareilles dans les deux cas. À cet âge, je cherchais déjà des invariants. »

Françoise s’amuse des facéties de son prof tout en gardant – et elle est une des rares à le faire – le cap d’un travail structuraliste pur et dur, et en conservant comme socle de ses recherches le domaine de la parenté, que Lévi-Strauss a mis en jachère depuis plus de trente ans au profit des mythologies. Cela ne signifie pas qu’il ait récusé ce qui permit son entrée fracassante dans le domaine des sciences humaines, la publication des *Structures élémentaires de la parenté*, mais il use désormais plus d’une méthode comparatiste, à partir d’un corpus immense, et il a abandonné le rêve – comme il l’avait fait pour la parenté – d’appliquer des méthodes de formalisation mathématique au domaine des mythologies. Françoise poursuit en quelque sorte l’œuvre du premier Lévi-Strauss, qui n’a pu aller jusqu’au bout de ses formalisations logiques. Elle entend démontrer par ses travaux sur les Samo que sa méthode de compréhension est la seule et l’unique. Non pas tant parce qu’elle serait une « fan » de Lévi-Strauss ou la plus studieuse de ses collaboratrices, mais parce qu’ils ont, je crois, tous deux en commun ce grain de folie indispensable aux grands découvreurs, ainsi qu’un même amour de la fantaisie ; ils sont capables, sans peur, de sortir des chemins balisés de la science pour comprendre comment fonctionne l’esprit humain.

L'Exercice de la parenté est le premier livre que Françoise signe uniquement Héritier. C'est un texte difficile à lire, réservé à des anthropologues. Quand on n'est – comme moi – pas particulièrement douée en maths, ni en calcul mental, ni en arbres généalogiques, on se sent vite perdu et on passe son temps à revenir en arrière pour savoir si on a bien compris le raisonnement antérieur. Si on relit le livre en tentant de découvrir quelle logique et quelle forme d'intelligence sont requises pour aborder ce type de sujet pointu, on découvre que Françoise est tombée par hasard, chez les Samo, sur une population ayant des règles de fonctionnement particulières, qu'elle n'y a rien compris au début, qu'elle a beaucoup galéré avec ses quelques intuitions, mais que c'est seulement lors de son retour à Paris, et grâce à l'entremise de Lévi-Strauss, qui a mis à sa disposition ses systèmes informatiques et une collaboratrice géniale, Marion Laurière, à partir de 1973, qu'elle a pu vérifier et modéliser ses thèses sur la parenté. Toutes deux ont travaillé au petit bonheur la chance et souvent en pure perte avec bien des erreurs et des lacunes dans la formulation des entrées retenues dans l'enquête.

Travail expérimental, ardu, en apparence inépuisable, qui a demandé l'apport des statisticiens du CNRS à Orsay et de la Maison des Sciences de l'Homme à Paris. L'étude de la parenté est un domaine à la fois abscons et terrifiant. C'est ce que dit Françoise dans son introduction. Si elle y a accordé autant de temps et d'énergie, c'est parce que s'y trouvent, en creux, les clefs de fonctionnement de nos sociétés. Moderne, Françoise est l'une des premières à utiliser l'ordinateur – qui pour elle est essentiel – pour atteindre la compréhension du fonctionnement matrimonial. Elle ne veut pas s'enfermer dans des jeux de l'esprit et faire preuve d'un savoir spécialisé qui l'entraînerait dans des débats byzantins entre spécialistes. Non, elle entend avancer des théories neuves qui permettront de comprendre ce qui est *commun* à toutes les sociétés. Contrairement à bon nombre d'anthropologues qui, à l'époque, plaident pour un multiculturalisme n'autorisant pas la moindre comparaison et se réfugient dans la différence, Françoise cherche la ressemblance. S'inspirant des thèses du mathématicien René Thom, inventeur de nouvelles voies pour la modélisation mathématique, elle refuse l'aléatoire, qu'elle juge anti-scientifique, et cherche à dégager des invariants dans le paysage du réel humain.

Toute cette démarche peut sembler celle d'une bonne élève du structuralisme moderne. Soit. Ça l'est. Mais, pour la première fois, on voit apparaître dans son œuvre ce qui deviendra sa ligne de force, son mantra : la domination du masculin comme explication du fonctionnement des sociétés depuis l'aube de l'humanité. Certes, il n'a pas fallu attendre Françoise Héritier pour s'apercevoir que les hommes dominent les femmes, et ce sur tous les continents. Lévi-Strauss lui-même, dans les *Structures élémentaires de la parenté*, avait intégré cela dans ses données comme un fait *naturel*, sans se poser la question du pourquoi, et avait théorisé le rôle des femmes comme « valeur d'échange ». Les femmes, tels les objets, sont troquées. Et pourquoi ? Françoise entend justement répondre à cette question en trouvant l'*origine* des mécanismes qui régissent la totalité du système. Elle croit l'avoir trouvée dans ce qu'elle nomme alors la *dominance* du masculin sur le féminin. Tout système de parenté révèle quelque chose du traitement symbolique des sexes et donc de la manière dont la dominance masculine a joué dans sa construction. C'est pourquoi ce qu'elle nomme la valeur ou valence différentielle des sexes est bien un paramètre de la parenté.

Pour la première fois dans cette discipline, une intellectuelle théorise l'appartenance à un sexe comme constitutive du rapport au monde, symboliquement et réellement. C'est un butoir pour la pensée, élémentaire et archaïque, sur lequel il faut s'interroger.

Les avancées théoriques et politiques de *L'Exercice de la parenté*, ouvrage très savant, sont énormes, et pas seulement pour les études féministes, mais personne ne s'en rendra compte au moment de sa parution. Le livre ne sera recensé nulle part, pas même dans les revues spécialisées, et il faudra attendre 2017, avec la postface d'Anne-Christine Taylor – critiquant d'ailleurs les thèses de Françoise Héritier –, pour qu'il soit enfin lu.

15.

La professeure

« Dans la vie d'un homme d'études, dit Lévi-Strauss, alors âgé de soixante-dix ans, il y a trois états comme dans la vie des sociétés : le premier est celui où l'on n'est pas connu, pendant lequel on produit ce que l'on aura fait de meilleur, et c'est l'état le plus positif ; le second on gagne une certaine notoriété fondée souvent sur des malentendus, c'est l'état métaphysique ; et puis le troisième [...] est celui où on vous met en pièces, celui du cannibalisme. » Puis vient un quatrième état, « où l'on n'est plus guère connu, état de demi-indifférence générale ».

C'est à ce dernier état auquel il dit aspirer. Claude Lévi-Strauss a passé sa vie à travailler d'arrache-pied, jour et nuit, pendant des décennies. Là, il veut changer d'allure. En tout cas, c'est ce qu'il dit. Avoir du temps pour écouter de la musique, chiner chez les antiquaires, courir le monde. Son séjour au Canada lui a redonné le goût des voyages. Il songe à ralentir. Écrire à son rythme, assister à chaque séance de l'Académie française où il a été mal élu, mais élu tout de même.

Françoise s'est rendue avec quelques-uns de ses camarades du laboratoire à sa séance inaugurale sous la coupole. Si elle a du mal à comprendre pourquoi son maître s'est obstiné à se faire accepter dans cette enceinte de réacs, si elle trouve qu'il se « ringardise » en entrant dans ce cénacle, si elle pense, comme Michel Leiris, qu'il se déjuge – Leiris a refusé de participer à l'achat de l'épée en se justifiant : « J'ai pour vous trop d'admiration pour ne pas considérer qu'en entrant à l'Académie vous lui faites trop d'honneur » –, elle n'en trouve pas moins déplacé le bandeau noir autour du bras dont se sont affublés certains de ses collègues pour afficher leur désapprobation.

Étrange Lévi-Strauss qui, dans son laboratoire, ne fait aucune différence entre les filles et les garçons, mais qui aime et a plus de facilité à parler et à travailler avec les femmes, et qui, publiquement, n'hésitera pas, quelques années plus tard, à se mettre dans le camp de ceux qui ne veulent pas élire Marguerite Yourcenar à l'Académie sous prétexte qu'elle est une femme. Pour justifier sa position, il ira même jusqu'à évoquer les tribus indiennes : quand celles-ci changent quelque chose à leur organisation, elles disparaissent. L'Académie est une tribu et, en accueillant une femme, elle a peur de sombrer.

Françoise n'a rien vu venir. Françoise n'a rien compris. Ça se bagarre dur déjà dans le labo pour savoir qui va succéder à Lévi-Strauss. D'abord, y aura-t-il un successeur ? Ils sont plusieurs à y prétendre. Maurice Godelier, Michel Izard, Bernard Juillerat sont les noms les plus cités.

Lévi-Strauss ayant fait la majorité de ses terrains en Amérique latine et ne s'étant pas passionné pour l'Afrique, beaucoup pensent que ce sera du côté des américanistes ou des océanistes que se portera son choix. Deux indices peuvent peut-être éclairer sa décision finale : tout d'abord, cette année-là, Lévi-Strauss a repris le chantier théorique de la parenté, et Françoise est la plus compétente dans ce domaine ; d'autre part – et le fait est assez rare pour être souligné –, il a abordé dans ses derniers cours, consacrés au système de la maison, le corpus africain, assez absent jusqu'alors de ses démonstrations, malgré quelques exemples qu'il a pu donner dans le domaine de la parenté et quelques analyses sur le travestissement et les rites d'inversion. Veut-il donner l'avantage aux africanistes sur les américanistes, dont certains – comme Robert Jaulin ou Pierre Clastres – ont rompu violemment avec lui il y a peu ? Souhaite-t-il récompenser une « bonne élève » qui a prolongé, grâce à l'ordinateur, des recherches sur la parenté qu'il avait engagées sans pouvoir les terminer il y a plus de quarante ans ? On ne peut attribuer son choix à la volonté de féminiser le clan des professeurs, même s'il ne s'est pas opposé à l'élection de Jacqueline de Romilly, devenue en 1973 la première femme titulaire de la chaire « La Grèce et la formation de la pensée morale et politique ». Ou plus simplement juge-t-il Françoise comme étant la meilleure à tous points de vue – enseignement, avenir de la profession, direction du laboratoire – pour lui succéder ? C'est ce que je pense, malgré l'avis de Maurice Godelier qui voit dans cette nomination un signe de favoritisme inexplicable et vitupère contre le fait qu'il aura fallu créer un autre intitulé de chaire pour rendre possible cette décision.

Françoise ne saura jamais et ne cherchera pas à savoir pourquoi et comment elle a été choisie. Elle tombe littéralement des nues le jour où Claude Lévi-Strauss, au lieu, comme il le fait souvent, de lui proposer de venir dans son bureau pour boire un café et discuter de ses recherches, lui propose cérémonieusement de venir lui rendre visite. Françoise s'inquiète et se demande ce qu'elle a pu mal faire. Ah! les réactions des femmes, toujours coupables, toujours sur le qui-vive, toujours persuadées qu'elles sont en faute, en défaut… Bref, elle est morte d'inquiétude lorsque lui, tout de go, lui annonce qu'il l'a choisie pour lui succéder. Elle refuse et dit qu'elle n'en est pas capable. Il insiste. Elle rétorque qu'il y a beaucoup d'hommes qui prétendent à cette succession à juste titre et, bonne camarade, cite quelques noms. Elle, elle n'y a jamais songé. Il clôt la conversation en lui disant qu'il y a beaucoup pensé et que son choix définitif est fait. Elle réclame du temps pour réfléchir. Il accepte mais, en échange, lui demande la discrétion la plus totale. Elle se décidera quelques semaines plus tard et gardera le secret de sa nomination pendant plus d'un an. On ne se présente pas au Collège de France. On est présenté par un ou deux professeurs pendant deux ans. Avant le premier tour, le postulant doit aller faire une visite de courtoisie à chacun des membres et lui parler de ses recherches et de son projet. Françoise se trouve dans la situation paradoxale de devoir vanter ses mérites alors qu'elle n'a rien demandé.

Lévi-Strauss joue « cash » avec elle et lui précise qu'un tel est un imbécile, l'autre un goujat, qu'avec celui-ci ce n'est pas la peine de se fatiguer… Françoise s'exécute et fait ses visites de courtoisie en secret, comme une entremetteuse préparant un mariage arrangé en faisant croire que les époux se choisissent.

La nouvelle de la création de la chaire éclate comme une bombe. Elle se nomme chaire d'« Étude comparée des sociétés africaines ». C'est la première fois que l'Afrique entre par la grande porte du savoir au Collège de France. Stupeur et jalousie. Fierté et joie pour les femmes du laboratoire et déconvenue pour les ethnologues masculins – et pas seulement Godelier –, qui se trouvent plus « outillés » intellectuellement et moins au ras des pâquerettes que leur camarade Françoise. Cette dernière vit alors des épisodes peu glorieux : coups bas et colportage de rumeurs malfaisantes à son égard. Cette violence et cette cascade d'inimitiés renforcent paradoxalement son désir. Elle n'en a cure, commence à se sentir fière et ne cache pas sa joie à son amie Monique Chevallier. Maintenant, il faut être à la hauteur. Elle, si timide, comment va-t-elle s'arranger de sa modestie non feinte ? Le bonheur qu'éprouve sa fille l'encourage. En suivant ses conseils, elle achète une magnifique robe en soie dans les tons or et grenat. La nuit qui a précédé son entrée au Collège de France, elle n'a guère dormi. Marc Augé se souvient que, le matin, elle décide de se maquiller et de se faire un chignon. Une vraie dame, quoi ! Elle patiente avec Lévi-Strauss et les autres professeurs dans une petite salle. Le temps lui semble une éternité et l'angoisse monte. Heureusement, elle tient dans ses mains un mouchoir pour éponger la moiteur de ses paumes et camoufler un léger tremblement. Lévi-Strauss la prend par la main et l'emmène dans la grande salle où bourdonnent les voix de ses amis, et de ses faux amis, qui déjà la jalousent et s'organisent pour minorer sa nomination dans le milieu des sciences humaines. La grande salle est pleine et il a fallu ouvrir deux pièces attenantes où sont installés des écrans.

Elle a l'impression qu'elle va s'évanouir. Tout son être tremble. Elle s'avance et, de sa voix fluette et douce, parle de la méconnaissance de l'Afrique dans les études historiques et ethnologiques depuis très longtemps. L'Afrique, continent ignoré, continent méprisé, continent considéré comme sans histoire (et on pense, en relisant ce discours écrit il y a plus de quarante ans, au discours de Dakar de Sarkozy en 2007, où celui-ci affirme, entre autres clichés: « Le drame de l'Afrique, c'est que l'homme africain n'est pas assez entré dans l'histoire. [...] Dans son imaginaire où tout recommence toujours, il n'y a de place ni pour l'aventure humaine ni pour l'idée de progrès. »). L'Afrique, terre de sauvages habitée par des païens immoraux et dépravés. Et, de plus, ils sont... noirs. La couleur noire, la couleur des ténèbres, est vraiment le signe de leur dépravation, écrit Émile Gigault de La Bédollière, premier traducteur en France de *La Case de l'oncle Tom*. Pour arracher l'Afrique au racisme, il a fallu attendre les années 1920 où, dans certains pays, grâce au surréalisme et aux débuts de l'ethnologie, la beauté des peuples et de leur civilisation commence à se faire jour.

Françoise parle au nom de son amour pour l'Afrique, elle dit, dans cette enceinte prestigieuse, ce qu'elle doit à l'Afrique, comment l'Afrique l'a modifiée, elle ne dit pas ce qu'elle sait de l'Afrique comme le ferait une savante réfugiée dans une posture de neutralité, mais elle inverse le rapport en mettant en avant ce que l'Afrique a appris, et apprend encore, à l'Occidentale qu'elle est.

Françoise parle aussi au nom des femmes. Elle rend hommage à deux de ses prédécesseuses, Deborah Lifchitz et son amie Denise Paulme, parties en pays dogon dans les années 1930, dans le cadre de la mission Dakar-Djibouti, pour étudier seules pendant plusieurs mois cette civilisation.

« Ce serait une erreur, dit-elle, de penser que l'Afrique est restée à l'écart de l'histoire du monde jusqu'à son ouverture par la colonisation, tout comme ce le serait inversement de croire que rien n'a pu s'y passer qui n'y soit introduit de l'extérieur. » Ainsi de « ce grand corps gullivérien » qu'est l'Afrique, Françoise entend, par son enseignement, réhabiliter l'histoire, les civilisations, les modes de pensée contemporains aussi, car l'Afrique n'est pas seulement pour elle un conservatoire de cultures dites primitives, mais le continent d'où pourront surgir de nouvelles propositions pour penser notre rapport au monde.

Non, les Noirs ne veulent pas devenir comme des Blancs, ce que nombre de colonisateurs ont souhaité, et les Blancs ont tout à apprendre de systèmes sociaux, toujours en fonctionnement, qui nous indiquent comment, à partir d'un modèle d'organisation, une forme de gouvernance respectueuse de tous est possible. Non, l'Afrique n'est pas immobile, immuable, comme le pensent certains, enfermés encore dans des clichés racistes. Bien au contraire, elle offre l'exemple d'une société ouverte, opposant des résistances à l'expansion continue de l'islam, à la concentration urbaine, aux migrations, à la pauvreté endémique. En cela, elle est un laboratoire vivant et non un conservatoire ethnographique.

L'ambition de théorie politique est déjà là, à la fin de son discours : Françoise se propose d'analyser les règles de fonctionnement de nos sociétés – pas seulement en Afrique, mais partout dans le monde –, afin de dégager des types de fonctionnement social qui nous rassemblent tous malgré des divergences apparentes. Se situant délibérément dans le camp de l'universalisme contre les tenants du multiculturalisme, elle entend démontrer scientifiquement l'existence universelle de grands archétypes de la pensée humaine où toutes les cultures et les sociétés peuvent être confondues. C'est à cette recherche de ce qu'elle nomme les « mécanismes invariants » qu'elle souhaite désormais consacrer son temps et son énergie en tentant de trouver une logique du social.

Cette quête visionnaire – un peu à la Sigmund Freud quand il découvre la psychanalyse –, qui consiste à décrypter les règles sous-jacentes à toute société et à les mettre au jour, est non seulement le fruit de ses recherches sur le terrain des Samo, mais aussi la conséquence de son attrait pour l'Égypte ancienne, ainsi que pour la préhistoire, pour ne pas parler de son tempérament fougueux et romantique et de sa fréquentation des savants depuis l'enfance : un « vrai » savant n'est pas pour elle quelqu'un qui décrit, recense, prend acte de ce qui existe, mais quelqu'un qui, d'après le réel qu'il affronte et décrypte, invente et propose un autre rapport au monde. Il y a chez elle un côté Champollion qu'elle ne met pas en lumière, mais qui l'anime. Le fait qu'elle soit une femme, qui plus est une élève de Lévi-Strauss, a nui à l'époque à la compréhension de la portée de ses hautes ambitions.

Les lendemains de jours de fête sont toujours amers. Pour Françoise ce sera le soir même : à la réception organisée chez elle, ses parents ne la félicitent que du bout des lèvres. Claude Lévi-Strauss vient en compagnie de son épouse Monique : le père de Françoise entreprend le savant sur le thème des difficultés à vivre avec… des sauvages, pendant que son frère interroge Monique sur les conditions de vie dans la forêt amazonienne, ce à quoi elle répond courtoisement qu'il faudrait poser ce genre de questions à la première épouse de son mari, elle-même n'ayant jamais mis les pieds en Amazonie. Claude Lévi-Strauss, avant de quitter la soirée, demande solennellement à Françoise de l'appeler Claude désormais, et plus monsieur. Elle aura bien du mal à le faire. Lévi-Strauss la considère dorénavant comme son égale. Pas elle. Malgré la reconnaissance, le sentiment d'illégitimité continue à l'habiter et ne la quittera jamais. Histoire de fille, histoire d'éducation, histoire de reproduction de clichés sexistes intériorisés. Combien d'entre nous vivent encore ce genre de situation. Françoise saura trouver les mots pour le dire, dans *Au gré des jours* : « Je n'en avais pas fini avec l'angoisse et la peur de ne pas être à la hauteur de ce qu'on attendait de moi. J'ai toujours eu ce sentiment – et je l'ai encore à bientôt quatre-vingt-quatre ans – de n'être pas à ma place, d'être une intruse, presque une usurpatrice. Je sais que c'est faux et que tout provient de l'éducation que j'ai reçue qui faisait des filles des sous-produits à côté de l'humanité accomplie que représentaient les hommes. Et la formidable assurance qu'avaient mes camarades puis mes collègues mâles de leur légitimité à être et de leur supériorité ne pouvait que m'enfoncer… »

Les surlendemains seront encore plus compliqués. Au laboratoire, ses camarades masculins lui font la gueule et elle affecte de ne rien voir. Elle, la patronne ? Et quoi encore… Ils préfèrent attendre la venue du patron, qui passe une tête de temps en temps en respectant complètement l'autorité de Françoise. Au séminaire non plus on ne se bouscule pas et Françoise, fidèle à son tempérament valeureux et discipliné, fait comme si de rien n'était, tout en pointant ironiquement qu'elle a tout de même quelques auditrices et auditeurs alors que d'autres n'ont que… leur propre mère dans le public, ce qui les oblige à prononcer leur cours même sans auditeur, en vertu du règlement.

Janvier 2021 : il est assis dans son bureau au milieu de ses masques, l'air gourmand et souriant, jeune, si jeune avec son jean, ses baskets, même si sa canne est à ses pieds. Le concurrent principal de Françoise Héritier à la succession de Claude Lévi-Strauss accepte de me parler. Ce jeune homme de quatre-vingt-douze ans, ethnologue reconnu dans le monde entier, auteur d'une œuvre théorique et politique importante, n'en revient toujours pas de ne pas avoir été adoubé par son maître et sa colère semble vive cinquante ans plus tard.

« Oui, je sais, tu vas encore me parler de Françoise Héritier, et moi je ne veux pas parce que je n'ai toujours pas compris pourquoi elle a été élue au Collège et pas moi. Bon, alors, tu me diras, je suis devenu directeur de recherche au CNRS et j'ai eu beaucoup plus de pouvoir qu'elle puisque j'ai pu engager beaucoup de chercheurs. Pas elle. »

La pilule n'est de toute façon pas passée. Non seulement ne pas succéder à son maître, dont il était intellectuellement mais aussi amicalement proche, mais, de plus, se faire coiffer au poteau par une femme. Et qui plus est une africaniste qui, contrairement à lui, n'a pas écrit autant d'articles, participé à autant de colloques et s'est montrée moins présente dans le fonctionnement du laboratoire.

Comme si aux hommes tout était dû. Réaction sexiste, réaction banale à l'époque.

Il ne faudrait pas interpréter l'attitude de Maurice Godelier – l'un des plus grands anthropologues de la parenté – comme du simple dépit narcissique. Bon nombre d'intellectuels masculins – et pas seulement en anthropologie – pensent alors que les femmes ne peuvent et ne savent être leurs égales. Françoise intègre une institution où elle sera la seule femme à siéger. Il suffit de regarder les photos prises chaque année par le Collège pour s'en rendre compte : Françoise entourée d'une multitude d'hommes. Elle est pourtant la seconde femme à y entrer : Jacqueline de Romilly a occupé, dès 1973, la chaire sur la Grèce antique après un parcours d'universitaire exceptionnel, mais elle est désormais membre honoraire et ne participe plus aux réunions.

L'ethnologue va essayer d'apprivoiser cette tribu étrange de messieurs phallocrates par éducation et peut-être aussi par inclination, et si phallocrates qu'ils ne s'en aperçoivent même pas. Ainsi l'un d'eux – historien de génie connu pour être le co-auteur d'une importante encyclopédie consacrée aux femmes – n'hésite-t-il pas, à la fin d'un séminaire qui les réunit tous, regrettant qu'il n'y ait pas de trace de cette journée, à s'adresser naturellement à Françoise... pour lui demander de prendre des notes la prochaine fois. Françoise, saisie d'abord d'une violente émotion, réussit à la surmonter et lui rétorque qu'à sa connaissance elle n'est pas plus programmée génétiquement que lui pour ce genre de tâche. Tous baissent la tête. Une autre fois, à l'occasion d'une délibération sur le choix de futurs collègues, un professeur se lève pour défendre une jeune helléniste : « C'est une beauté, mais une beauté ! Elle a des jambes, mais des jambes ! et un buste merveilleux et un port de tête… » Il avoue ne pas connaître sa spécialité, mais avoir été assis près d'elle lors d'un colloque. Françoise prend alors la parole et, à la cinquantaine de messieurs présents ce jour-là, elle demande si, comme à l'armée, ils ont comme critère de choix « une note de gueule ». Tout le monde rit. Pas elle.

« Les femmes dans la rue, pas à la cuisine », chantions-nous, au début du MLF, sur les marchés le dimanche matin, en distribuant notre journal « menstruel ». Françoise, seule femme dans cette communauté d'hommes, a d'abord l'impression de passer, comme elle le dira, « du côté des hommes », d'avoir à se masculiniser pour exister dans cette étrange tribu. « Je suis un homme parmi des hommes », pense-t-elle lors des premières réunions, comprenant que, si les autres – c'est-à-dire les hommes – la voient comme une femme, elle-même ne se perçoit plus comme telle. Non pas qu'elle renie sa féminité, mais rien ne l'exaspère plus que d'être traitée avec condescendance en raison de son sexe. Mais elle se rend compte que passer du côté des hommes, c'est aussi entretenir la domination masculine. Alors elle décide de faire de son séminaire un lieu d'exploration des raisons de cette domination.

16.

L'anthropologue du corps

Oser prendre la parole a toujours été un problème pour elle. Françoise réussit progressivement à se défaire de sa timidité et commence à s'apercevoir que lorsqu'elle parle… on l'écoute. On l'écoute, parce que ce qu'elle dit est nouveau. Pour elle, l'anthropologue n'est pas celle ou celui qui va au bout du monde collecter des données pour les classer et les analyser ensuite dans des revues spécialisées, mais bien une personne qui, par-delà les différences, essaie de comprendre ce qu'elle nomme la « logique du social », le soubassement universel à toutes les cultures.

Françoise est une pragmatique. Elle part des faits et, petit à petit, réfléchit à la manière dont elle peut à la fois les comprendre et les ordonner. Ce n'est qu'ensuite qu'elle fait de la théorie. Elle compare sa méthode à celle du célèbre physicien Pierre-Gilles de Gennes, prix Nobel en 1991, qui considère ses matériaux comme une série de petites couleuvres enfermées chacune dans un bocal parfois contigu à un autre. Françoise, de même, explique que son travail peut être mis en parallèle avec celui d'une tricoteuse : elle a à sa disposition de multiples « pelotes » de couleurs différentes et peut passer d'une pelote à l'autre. Ce faisant elle emprunte à des civilisations différentes. Elle étudie plusieurs thèmes, plusieurs périodes historiques, plusieurs aires géographiques en même temps. Elle cherche les clefs de compréhension du monde de manière empirique. Elle a commencé par la parenté, car elle pense que s'y cachent les principes du fonctionnement le plus fondamental et le plus intime de chaque société. Partout existe une même armature conceptuelle malgré la différence des contenus. Son travail consiste à mettre à nu les logiques d'articulation. Telle une couturière de l'invisible, elle va isoler des fils civilisationnels pour éclairer, depuis l'Antiquité jusqu'à nos jours et sur tous les continents, les raisons de nos comportements. Pour déployer ses argumentations et nourrir ses réflexions, elle a besoin d'exemples pris dans de nombreuses aires géographiques et historiques. Elle poursuit l'œuvre de Lévi-Strauss, use de sa méthode comparatiste et entend l'étendre. Il s'agit, ni plus ni moins, de tenter de décrire la manière universelle dont l'homme se pense et conçoit sa relation au monde et à la société.

Le Collège de France, avec ses obligations d'enseigner sans jamais se répéter et de tenir des séminaires, va l'encourager et même lui donner des ailes. Elle décide de prendre comme unique thème pour les cinq prochaines années de son cours l'anthropologie du corps et de commencer par les sujets de la stérilité et de la fécondité.

L'importance du corps dans toutes les civilisations et ses conséquences sur l'organisation des sociétés sera au cœur de toute sa recherche pendant des décennies.

« Tout part du corps », dit-elle. Le corps, universellement, c'est ce qui nous est donné à voir et à sentir, c'est le premier objet de réflexion des humains au sortir de l'animalité. Et, dans la considération du corps, la première observation qui surgit est qu'il y a deux sexes et qu'ils sont différents. L'évidence de la différence des sexes se trouve « au fondement de toute pensée, aussi bien traditionnelle que scientifique » et à la base même de toute conceptualisation.

De cette différence des sexes Françoise fait découler plusieurs interrogations : pourquoi cette différence – qui par nature n'est pas une inégalité – aboutit-elle à un système de domination d'un seul sexe, le sexe masculin ? Comment le masculin a-t-il pu devenir supérieur ? Sur quelles chaînes symboliques et sensibles l'espèce humaine s'est-elle appuyée pour se mettre sous le joug du masculin ? Françoise pose des questions qui peuvent paraître naïves. Elle essaie de penser comme nos ancêtres, qui ont dû s'interroger sur ce qu'ils voyaient et ce qu'ils vivaient. Certes, il existe deux sexes, mais leur union est nécessaire pour engendrer. L'engendrement crée le phénomène des générations avec des aînés, et donc des cadets. Or la supériorité est accordée uniquement aux aînés. Et dans aucune société, les aînés ne sont égaux entre eux. Partout le masculin domine. Pourquoi ?

Il est fascinant de voir, grâce aux archives du Collège de France, le cheminement de sa pensée. D'une nature curieuse, Françoise s'étonne de tout et s'attaque à ce qui n'est plus interrogé, parce que recouvert par la tradition et intériorisé profondément, comme la domination masculine. Le fait qu'elle soit une femme lui a permis d'entretenir, pendant des années, un dialogue amical et profond avec les femmes mossi et samo, qui lui ont parlé de la grossesse, de la maternité, de l'allaitement et du sort d'exclues réservé à celles qui n'arrivent pas à enfanter. À partir de toutes ces informations, Françoise pose des questions sur le pouvoir accordé à chaque sexe. Les Samo, par exemple, pensent que le père donne le sang à l'enfant et la mère la chair et les os. Comment expliquer cela ? Par l'importance et le primat donnés au sang dans la civilisation samo.

Françoise remet en cause les évidences pour mieux les questionner. La première chose que l'espèce humaine a vue d'elle-même, c'est son corps. C'est donc à partir du corps et de cette pensée du corps que les hommes ont fait société. De cette observation, ils ont tiré des pensées symboliques. Par exemple, depuis le Paléolithique, les femmes et les hommes ont constaté que, lors de l'union sexuelle, ils échangent des humeurs corporelles, le sperme pour les hommes seulement, mais ils ont en commun la sueur, la salive et d'autres liquides encore. À partir de là, Françoise s'interroge sur cette « logique des fluides », qui existe encore de nos jours partout, et pas seulement chez les Samo. Elle se souvient que sa mère lui interdisait, quand elle était jeune fille, quand elle avait ses règles, d'aller se baigner, de « monter » une mayonnaise, de marcher sous la pluie.

Les prétendues « traditions » qui s'appuient sur une pensée « magique » sont ancrées profondément en nous. Pourquoi disait-on, au XIXe siècle, dans les campagnes françaises, qu'une bonne nourrice était celle qui n'avait pas de rapports sexuels ? Parce que le sperme ne doit pas se mélanger avec le lait. Pourquoi la femme ménopausée, dans de nombreuses sociétés (y compris la nôtre), ne doit-elle plus avoir de rapports sexuels et être dans un régime de « diète », sous peine de passer pour folle ? Parce que le sperme est trop précieux pour arroser une matrice inféconde, parce que, dans certaines sociétés, comme chez les Samo, la vieillesse rend les femmes « chaudes » et que, si elles s'approchent d'un homme, elles peuvent le « contaminer » par leur excès de sang. Pourquoi la fille doit-elle rester vierge jusqu'au mariage ? La virginité n'est pas un fait biologique, mais une invention pour dominer les femmes. Les exemples sont innombrables et ne relèvent pas simplement de superstitions. Tout ce corpus de croyances s'alimente à une logique des fluides.

De la différence des sexes naît l'opposition entre l'identique et le différent, qui engendre la problématique du même et de l'autre. D'ailleurs pourquoi n'y a-t-il pas que du même ? Un seul sexe, qui serait évidemment masculin ? Aristote l'a dit : le monde a commencé à mal aller quand les femmes ont eu le pouvoir de donner naissance à des enfants des deux sexes. Auparavant tout allait bien : les hommes faisaient des fils et les femmes des filles. Il a fallu que les femmes s'en mêlent et les malheurs ont surgi en cascade. Le mythe occidental d'Ève pécheresse trouve un écho en

Afrique de l'Ouest: les femmes, tentatrices, ont séduit les hommes, qui en ont été punis et n'ont plus pu faire de garçons. Seules les femmes désormais ont pu faire des garçons et des filles. À quoi donc servent les hommes s'ils ne sont plus nécessaires? Ils se rattrapent au moment de la copulation en mettant l'enfant dans le corps de la femme. C'est ce que racontaient nos grands-mères en nous expliquant que c'était le père qui mettait une graine dans le ventre de la future mère.

La boucle est bouclée: on revient à Aristote qui écrivait que les hommes possèdent le *pneuma* – le souffle – et les femmes la matière. Il faut que le *pneuma* imprime sa marque dans la matière. Les femmes sont froides par essence et les hommes sont chauds depuis la naissance du monde. Le terme *furu* chez les Samo désigne le chaud. *Furu* signifie aussi le rouge, le violent, le dangereux. Chez nous aussi. D'ailleurs les expressions: «j'ai eu chaud» ou «c'est chaud» impliquent une situation conflictuelle. Chez les Samo, quand un homme se comporte de manière peu virile, on lui dit «Tu es frais comme une femme», ce qui signifie qu'il n'a pas assez de sang dans les veines. Car la chaleur a comme véhicule le sang. Les hommes ont beaucoup de sang et les femmes pas assez. Aristote l'affirme dans *De la génération des animaux* et explique que les femmes perdent involontairement du sang tous les mois alors que les hommes n'en perdent que quand ils le décident ou du fait d'autrui. De plus, ils peuvent le faire couler, ce qui n'arrive pas aux femmes, puisqu'elles ne sont pas des guerrières. CQFD.

Françoise déroule les opérations mentales et psychiques qui, depuis l'origine, s'inscrivent dans nos mentalités consciemment ou inconsciemment et justifient ce qu'elle nomme alors la « dominance masculine », qu'elle appellera plus tard la « domination masculine ». Loin d'elle l'idée de vouloir démontrer quoi que ce soit qui ait à voir avec le féminisme. À l'époque, elle ne se revendique pas féministe : elle effectue un travail de scientifique. Elle le deviendra plus tard. Là, pour le moment, elle observe, et c'est la somme de ses constatations qui la mène à vouloir comprendre les racines du déséquilibre entre les sexes et à le considérer comme un élément fondateur de toute société.

Assister à un séminaire de Françoise, c'est prendre un pass illimité vers l'inconnu. Non seulement c'est voyager dans l'espace et le temps, mais c'est aussi être bousculé dans ses certitudes, dans son savoir ; c'est, comme à la fête foraine, faire les montagnes russes à toute vitesse, et caracoler sans peur vers ce qu'on n'aurait su imaginer. C'est pratiquer l'escalade en haute montagne aussi. Pas question de rater un crampon, au risque de dévisser. De sa petite voix flûtée, Françoise, qui a écrit chaque phrase de son cours, avance méthodiquement et n'improvise guère. Rares sont les moments où elle se « laisse aller » à livrer des pans de sa vie. Mais quand elle se raconte (pas assez à mon goût), elle nous donne des leçons d'humanisme et d'émotion. Je me souviens d'un jour où, les larmes aux yeux, elle nous a relaté comment, en pays samo, elle avait assisté aux funérailles d'une jeune femme morte dans la nuit, sans cause apparente. Ses quatre co-épouses lui firent la dernière toilette en la protégeant des regards par leurs pagnes déployés, puis tournèrent autour d'elle en chantant et pleurant. Françoise remarqua alors que l'une d'entre elles – la plus vieille et la plus maigre – avait les yeux secs. C'est sans doute elle la responsable, s'était dit Françoise, qui s'excusait devant nous d'avoir eu des pensées aussi coupables et si peu argumentées.

Pas d'irrationnel. Pas de recours facile au psychologique ou à l'à-peu-près. Tout est en place et chaque chose à sa place. Tout doit être démontrable. Traquer le pensable, verrouiller les possibles. En revanche, on peut parler de tout, à toute époque, dans le monde entier. Françoise dévore les relevés de données des autres chercheurs, qu'elle sollicite, et s'abreuve de leurs expériences. Son cours est aussi une navigation collective où chacun trouve son compte. Des États-Unis, d'Allemagne, d'Italie viennent de grands professeurs qui parlent de la civilisation inca, de la parenté dravidienne en Inde du Sud, des stratégies matrimoniales de la noblesse napolitaine, des Senoufo du Mali, des marabouts du fleuve Sénégal, des tisseuses dans l'*Odyssée* d'Homère. C'est à la fois un atelier de pensée et une tour de Babel. On y vient pour écouter – surtout Françoise, fascinante dans ses argumentations et sa science du comparatisme –, mais aussi pour aller ensuite boire un pot au café du coin, en sa compagnie rieuse et attentionnée.

On en sort avec une énergie renouvelée, un plaisir d'apprendre, une autre manière de poser des problèmes. Françoise donne la pêche et ne se prend pas au sérieux. Elle étonne par sa façon audacieuse d'élargir le champ ethnologique à des sujets jamais abordés auparavant et par sa manière de réfléchir : ainsi sidère-t-elle ses auditeurs le jour où elle fait le rapprochement entre le jeûne de certains bouddhistes du ve siècle en Chine et… la combustion spontanée de femmes alcooliques depuis le xviiie siècle en France. Avec sa voix de jeune étudiante, elle explique que ces bouddhistes peuvent devenir « bienheureux » vers l'âge de trente ans à condition qu'ils se soumettent progressivement à un régime alimentaire qui les prive de tout sauf d'écorces, de gomme, de thym, de fleurs. Ainsi se transforment-ils peu à peu en corps prêts à brûler. Quand vient l'été, un immense bûcher est préparé dans la montagne au pied duquel ils s'installent en position du lotus devant la foule venue nombreuse les regarder flamber. Françoise rapproche alors ce rite d'un phénomène qui a pris de l'importance en France, mais aussi dans d'autres pays européens : des femmes, de plus en plus de femmes, sont retrouvées mortes, brûlées dans des pièces closes jusque dans les années 1950. Le scénario est toujours le même et se déroule en hiver, la nuit : la pièce est fermée à clef, les murs et les meubles couverts de suie, les bras, les jambes, la tête intacts. Toutes ces femmes étaient considérées comme « de mauvaise vie » et alcooliques. Pour Françoise, ces deux histoires, en apparence si différentes, se rejoignent et racontent, chacune à sa manière, l'opposition entre le jour et la nuit, entre l'hiver et l'été, entre la jeunesse et la vieillesse.

Françoise prend une indépendance grandissante à l'égard de Claude Lévi-Strauss qui ne vient plus dorénavant que très rarement au Collège. Même si elle se revendique toujours structuraliste, elle s'éloigne de plus en plus du maître en mettant au centre de ses recherches le corps et les logiques sociales qui en découlent, quelles que soient la culture et l'appartenance géographique. Les évolutions de la société – et je pense plus particulièrement à l'apparition tragique de l'épidémie du sida – lui permettront d'affiner ses intuitions et de les confronter à la réalité. Scientifique incontestée, elle devient dès lors une intellectuelle engagée dans la vie de la cité.

17.

La juge de paix de la famille

Tribunal de grande instance de Nice, été 1976 : un homme demande à ne plus être reconnu comme père d'un enfant qu'il a pourtant désiré fortement. Avec son épouse, ils avaient commencé il y a quelques années ce parcours long, difficile et douloureux (plus pour la femme que pour l'homme) qu'est la fécondation in vitro. Le père, à la naissance de l'enfant, change d'avis et fait une action en désaveu de paternité. Il l'emporte devant les tribunaux. L'enfant doit changer de nom.

Pourquoi, demande Françoise, est-ce aux enfants de payer si cher les changements d'humeur de certains pères ? Pourquoi la justice a-t-elle donné raison à ce père, possibilité faisant du même coup une jurisprudence sur ce sujet ?

En 1978, naissait en Angleterre Louise Brown, premier enfant issu d'une fécondation in vitro. En 1982, c'était Amandine, premier « bébé éprouvette » français, grâce à René Frydman.

Une bataille juridique, médicale, politique et éthique s'engage. Elle fera rage pendant des décennies et Françoise y jouera un rôle prépondérant.

Françoise est nommée en 1986, par François Mitterrand, membre du Haut conseil de la population et de la famille. Ce nouveau statut lui permettra de jouer un rôle important. Elle sera très sollicitée. Comme elle le dit en souriant, « hélas je ne sais pas dire non ». Des médecins et des juristes la consultent au moment où surgissent des nouvelles techniques de procréation. Françoise aura à cœur de les éclairer sur les conséquences de cette révolution médicale en s'appuyant sur son expérience de la procréation, la gestation, la constitution de l'enfant dans les sociétés dites traditionnelles et en apportant un éclairage sur ce que veut dire « faire famille » ailleurs qu'en Occident. Elle affirmera haut et fort à de nombreuses reprises que la famille est une construction et non une entité biologique. Elle ne se ménage pas dans ce combat qu'elle juge essentiel.

Elle participe à l'encyclopédie italienne Einaudi pour laquelle elle rédige les articles concernant la parenté. Elle intervient dans le cadre du colloque « Génétique, Procréation et Droit » en janvier 1985 : elle y affirme que toute paternité et toute maternité sont des conventions sociales dans n'importe quelle civilisation, et conteste violemment les thèses d'une certaine droite, dite à l'époque « la nouvelle droite », qui affirme que ces nouvelles techniques vont détruire la famille et l'ordre qui en découle.

On a tort de croire que la montée de l'extrême droite en France s'est faite en peu de temps et au XXIe siècle. Le terrain culturel était préparé en amont, depuis l'aube des années 1970, par des intellectuels fondateurs du Club de l'Horloge et membres du GRECE (Groupement de recherche et d'études pour la civilisation européenne), qui accordèrent un intérêt prépondérant aux questions de la biopolitique et publièrent en 1979 un ouvrage intitulé *La Politique du vivant*. Le titre est à lui seul une proclamation. Comment faire en sorte que les progrès scientifiques, surtout ceux qui accroissent la liberté de la femme, ne viennent pas, d'une part, endommager la pureté de la race blanche et, d'autre part, engendrer un chaos ethnique et culturel ?

Au rejet de ce que ces intellectuels nomment la « caféolisation » et la « panmixie planétaire », Françoise oppose calmement et scientifiquement ses thèses fondées sur l'observation, la comparaison entre civilisations et la mise en perspective. Refusant toute polémique, mais fermement campée sur ses positions, elle explique qu'il n'y a dans ces avancées rien de vraiment nouveau sous le soleil, contrairement à ce que font croire les tenants d'un ordre traditionnel. Les sociétés dites primitives ont inventé depuis longtemps des systèmes qui aboutissent au même résultat que nos techniques les plus modernes – insémination artificielle, don d'ovocytes, fécondation in vitro.

Les découvertes récentes en biologie et en médecine de la reproduction ne viennent pas heurter de front les systèmes occidentaux de la parenté et de la filiation. La panique entretenue au sujet d'un prétendu désordre de la race et des sexes relève du fantasme, car on ne peut pas changer ce qui est inchangeable, même quand les biotechnologies nous le font croire. Françoise le répète. Ces vérités sont immuables partout dans le monde : il n'y a que deux sexes ; la reproduction se fait par la rencontre de ces deux sexes (même s'ils ne se rencontrent pas directement) ; les générations s'enchaînent, les parents viennent avant les enfants. Ce qu'on peut en revanche imaginer, ce sont de nouvelles formes de constructions familiales, plus sophistiquées, différentes de la famille conjugale élaborée au cours des siècles en Occident. La connaissance des inventions issues des sociétés non occidentales nous permet de comprendre que tout a déjà été pensé.

Par exemple, comment affronter le problème de la stérilité ? La stérilité a toujours existé et les sociétés traditionnelles ont, depuis l'aube de l'humanité, tenté de la pallier de différentes manières : don de sperme, don d'enfant, mère porteuse. Ce qui fait la différence c'est que, dans les sociétés traditionnelles, procréer est un devoir, chez nous c'est aussi un droit. En Occident, on peut vouloir des enfants pour accomplir ses désirs. Dans les sociétés traditionnelles, avoir des enfants est la seule manière d'accéder au statut d'ancêtre et de devenir socialement adulte. Ainsi, une femme qui ne peut avoir d'enfant est mise au ban de son village et de sa famille pendant toute son existence et, dans de nombreuses sociétés dites traditionnelles, elle sera inhumée dans le cimetière des enfants. Chez les Ashanti, on lui enfoncera des épines sur la plante des pieds ; chez les Samo, on lui transpercera le dos au niveau des reins avec une hache épointée, pour que s'écoule *post mortem* le sang qu'elle n'a jamais perdu en couches. À l'opposé, si un homme ne peut pas avoir d'enfant, personne n'en saura ni n'en dira rien. Si une de ses épouses ne lui donne pas assez vite d'enfants, il prend une autre femme. S'il est impuissant ou stérile, une de ses épouses, avec sa complicité, pourra lui être infidèle afin de « tomber enceinte » d'un enfant qu'elle attribuera à son époux. La stérilité s'entend spontanément au féminin, partout et toujours.

Chez les Samo, si une femme quitte son époux (notamment parce qu'elle a constaté que son pénis était « en cire »), les enfants qu'elle aura de son nouveau compagnon seront considérés comme ceux de son premier mari, qui peut les prendre à tout instant. L'homme, de plus, peut « hériter » des enfants de ses frères, qu'ils portent ou non son nom : ce sont désormais « ses » enfants, et ceux-ci ont l'obligation, après sa mort, de lui rendre le culte que l'on doit aux ancêtres. Et, pour la société tout entière, il est le père. Il n'y pas de « vrai » ou de « faux » père. Il y a des pères définis par des règles sociales. Peu importe qui est le géniteur.

En tant qu'ethnologue, Françoise se bat contre une certaine évolution de la loi française qui tend à intégrer le critère de « vérité biologique » en droit de filiation. Elle luttera à nouveau contre la possibilité juridique pour un homme, dans certaines circonstances liées à la procréation médicalement assistée, de gagner une action en désaveu de paternité. Pourquoi la justice donnerait-elle raison à l'homme sous prétexte qu'il n'est pas assuré d'être le « vrai » père ? Pourquoi, dans ces décisions de justice, n'est-ce pas d'abord l'intérêt de l'enfant qui prévaut ? Ainsi, dans le jugement prononcé en 1985 par le tribunal de

Paris, fut acceptée la demande de désaveu de paternité d'un homme marié dont l'enfant était issu d'une FIV. « Le demandeur affirme qu'elle fut pratiquée à son insu, alors qu'il était en voyage hors de France. » Les expertises sanguines ont en effet exclu la paternité, mais ce n'est pas le problème, argumente Françoise. L'important, c'est que cet homme ait consenti à être père. Le tribunal a pourtant précisé qu'il n'y avait pas lieu de rechercher si l'époux était ou non consentant. La justice a donc tranché : faux père puisque pas père de sang...

Ce genre d'histoire se répétera souvent devant les tribunaux : les avancées de la PMA permettant aux femmes d'avoir des enfants mettent en péril la sacro-sainte intégrité du mâle dominant, qui se voit rétrogradé à un rôle d'adjuvant, de « donneur », qui n'a plus la maîtrise du corps de celle qui veut enfanter, laquelle peut dès lors lui mentir (on le sait, les femmes sont menteuses) ou pire, le tromper (on le sait aussi, les femmes sont infidèles). Lutter contre l'idée de la vérité biologique, c'est reconnaître, d'abord et avant tout, les droits de l'enfant, la liberté de la femme et affirmer haut et fort que la filiation n'est jamais un simple dérivé de l'engendrement.

Françoise intervient, dès qu'on lui donne la parole, sur la manière dont certains hommes jouent des changements liés à la PMA, rejetant sur les femmes toutes les responsabilités et les accusant d'être les instigatrices d'une maternité triomphale effaçant le masculin. En 1987, le tribunal de Toulouse ordonne une annulation de paternité naturelle pour un homme qui avait consenti à l'insémination artificielle de sa compagne, avait d'abord reconnu l'enfant puis l'avait rejeté. Les enfants sont-ils des jouets qu'on achète puis qu'on rejette si quelque chose ne nous plaît pas chez eux ? Certes, le tribunal a exigé de cet homme des dommages et intérêts pour l'enfant. Mais où est le respect des droits de l'enfant quand un tribunal ne retient que l'absence de lien biologique et permet à un homme de s'exonérer de ses responsabilités de père, sous prétexte qu'il n'est pas le géniteur, en lui demandant simplement de l'argent comme compensation ? Cet homme a d'ailleurs engagé de nouvelles procédures pour ne pas payer, mais le tribunal l'a débouté. L'enfant a dû changer de patronyme, a été privé de père, de ce « père » qui le considère comme son « ex-enfant ».

De quoi a-t-on peur ? demande Françoise. Joue-t-on à se faire peur ? S'il est possible de faire évoluer les formes de la famille, on ne peut inventer de nouvelles formes de filiation. Françoise s'insurge contre le fait qu'à propos de ces questions on parle à tout propos de licite et d'illicite, de normal et d'anormal, de naturel et d'artificiel. Il n'y a pas de position morale à adopter, si ce n'est la réaffirmation des droits de l'enfant. L'enfant sujet et non l'enfant objet. L'enfant qui sera aimé et respecté et non l'enfant comme bien de consommation. Dans les sociétés traditionnelles, rappelle-t-elle, un enfant, le plus souvent, n'existe pas, à la naissance, en tant que personne à part entière. Ce qui va assurer son existence propre, c'est l'attribution d'un nom. Il ne devient une personne que lorsqu'il porte ce nom chargé de sens et il doit franchir des caps difficiles, comme le sevrage et la puberté, où il lui faudra prouver qu'il a choisi d'être au monde. Il est difficile d'être un enfant. Certains n'y ont pas droit comme ceux qui sont nés après des frères et des sœurs morts à la naissance ou dans les premiers mois de leur vie. Ces enfants-là sont d'abord des sortes de fantômes puisqu'ils sont censés être l'enfant mort qui revient. Nés après une sœur ou un frère mort, ils n'existeront que s'ils veulent bien vivre jusqu'à l'âge adulte : ils pourront, dès lors, s'inscrire dans une lignée d'ancêtres. Le désir d'enfant est surtout un désir éminemment social d'accomplissement, projeté au travers d'une descendance qui conservera la mémoire des morts.

Contrer le malheur suprême qu'est l'absence d'enfants a toujours été une priorité depuis l'aube de l'humanité et dans toutes les civilisations. On a tout inventé pour ruser avec cette satanée nature – y compris, au Nigeria, chez les Ekiti Yoruba, le travestissement en hommes de femmes ménopausées pour qu'elles épousent des femmes fécondables. C'est de la culture que vient la famille et non de la nature. Les moyens nouveaux, ultrasophistiqués et fondés sur des découvertes scientifiques avancées ne doivent pas nous tromper sur notre capacité à déjouer les règles sociales. De tout temps, l'homme s'est battu pour s'assurer une descendance et continuera à le faire, mais le droit de donner la vie ne doit pas exclure ceux de l'enfant. Le règne de l'individualisme va souvent de pair avec le désir de posséder un enfant à tout prix, un enfant de soi, un enfant à soi, alors qu'un enfant s'inscrit toujours à la fois dans une lignée et dans une société données. Le droit collectif fonde le social et doit toujours passer avant les revendications individuelles.

Françoise s'expose, Françoise prend des risques au nom de ses convictions les plus intimes, qui découlent de ses observations d'anthropologue, et va jusqu'à critiquer un homme qu'elle admire, le garde des Sceaux de l'époque, qui affirme la nécessité de légiférer face aux progrès de la médecine et de la biologie. Robert Badinter, en effet, avait appelé de ses vœux, le 20 novembre 1985, de nouvelles règles juridiques, tant la notion même d'existence se trouvait chamboulée par les nouvelles techniques de procréation, et il avait déclaré devant le Conseil de l'Europe : « Au-delà des règles juridiques, c'est notre conception multiséculaire de la filiation qui est radicalement transformée [...]. Dans cette situation entièrement nouvelle dans l'histoire de l'humanité, [...] vacille notre ordre juridique traditionnel. »

Non, répond Françoise en septembre 1985 dans la revue *Le Débat* : ce n'est pas parce que la procréation peut être dissociée de la sexualité que la filiation va s'en trouver transformée. Non, ce n'est pas parce que les parents peuvent être plus de deux et que l'enfant n'est pas obligatoirement conçu de manière naturelle, ou porté dans le ventre de la mère, que l'« ordre juridique traditionnel » s'écroule. Il ne faut pas assimiler engendrement à filiation. L'insémination par donneur, le don d'enfants, la mise au second plan de la paternité ou de la maternité physiologiques, la descendance *post mortem* existent depuis la nuit des temps dans les sociétés dites primitives. Donc la situation n'est pas nouvelle. Encore faut-il s'entendre sur ce qu'on appelle « père » et « mère ». Il faut les distinguer des géniteurs. La filiation est, par nature, un lien social, et le fait qu'il y ait maintenant des familles qui ne soient pas traditionnelles ne change rien à la conception de la filiation. Il convient donc d'admettre que la vérité biologique et, *a fortiori*, la génétique ne sont pas les seuls critères pour fonder la filiation. Aucune institution sociale n'est fondée par nature. Il serait dangereux de biologiser abusivement le social qui, par définition, est une construction humaine. Ce disant, Françoise détruit tranquillement tous les arguments de ceux qui pensent que les nouvelles techniques portent atteinte à l'espèce humaine, rendent inévitables des « détournements de filiation » *(sic)* ou annoncent l'« enfant sur mesure ». Elle fait judicieusement remarquer que la stérilité masculine comme l'impuissance sont épargnées dans ces techniques, ainsi que le prouve la couverture médiatique des exploits médicaux en ce domaine : on ne parle pas des inséminations avec donneur, mais ce sont les naissances par fécondation in vitro et transfert d'embryons qui font la une des magazines. La raison en est simple : la stérilité que la FIV permet de pallier est d'origine féminine, tandis que la stérilité masculine à laquelle l'IAD (insémination artificielle avec don de sperme) remédie est très mal vécue par les hommes et leur famille, car l'identité du donneur doit rester secrète.

Contre tous ceux qui, au nom d'un prétendu ordre « naturel », se battent contre les avancées médicales et qui prédisent une apocalypse sociétale causée par la recherche de l'enfant à tout prix, sans souci d'éthique, Françoise se veut rassurante et défend le modèle d'une société ouverte, plus égalitaire pour les femmes. Elle se félicite que des femmes qui étaient privées de la possibilité d'avoir des enfants puissent désormais en avoir, non pas à tout prix, mais dans le respect que nous devons à chacun d'entre eux qui, dès la naissance, sont des personnes à part entière et non des sujets sans droits.

18.

L'érudite de nos humeurs

À la question que je posais à ma mère quand j'étais petite : « comment naissent les enfants ? », elle répondait : les garçons naissent dans les choux, les filles dans les roses. Ce n'était pas de savoir où les bébés naissaient qui me taraudait, mais, comme bon nombre d'enfants, comment ils étaient faits. Il m'a fallu attendre longtemps pour commencer à comprendre.

Cette question de la « fabrication » d'un être humain va s'imposer à Françoise, dès ses premières années de terrain, dans ses conversations avec les Samo. L'homme seul fait l'enfant : il possède dans ses os une substance épaisse et rougeâtre qui s'active lors du rapport sexuel pour se transformer en sperme. L'homme fatigué le matin et qui a mal aux reins et au dos est celui qui a beaucoup fait l'amour et s'est ainsi déchargé de cette substance circulant d'habitude dans le corps lentement et à bas bruit. Il a littéralement « fait l'enfant ». Le sperme se transforme ensuite en sang dans le corps de la femme, où – quand le rapport est fécondant – sera accueilli l'enfant comme dans un sac, une besace, une marmite. C'est le sang du père qui nourrit l'enfant dans le ventre de la mère et lui apporte chaleur et souffle. Pour que l'enfant vive, le père doit, pendant sept mois, le nourrir en faisant l'amour régulièrement à la mère. Celle-ci donne le sang qu'elle ne perd plus mensuellement à l'enfant pendant la grossesse. Au moment dangereux de l'accouchement, la mère perd beaucoup de sang et de chaleur. Elle doit alors se réchauffer auprès d'un feu pour que la substance qu'elle possède dans ses os puisse se transmuer en lait. Faire du lait dispense les femmes de faire autant de sang qu'auparavant. D'où l'arrêt des règles pendant l'allaitement. Le sang et le lait ne cohabitent pas bien dans le corps de la femme. Seuls les hommes peuvent fabriquer deux substances qui coexistent sans problème dans leur corps : le sang et le sperme. Les femmes ne pourront jamais produire de sperme, seule humeur fécondante. Pendant l'allaitement, les rapports sexuels sont suspendus. La chaleur contenue dans le sperme pourrait tarir le lait ou en dénaturer le goût, ce qui empêcherait l'enfant de continuer à se nourrir.

À partir de ces données, Françoise commence à réfléchir à l'importance des humeurs dans nos corps et à élaborer une théorie s'appuyant autant sur l'histoire que sur l'ethnologie. D'où proviennent le sang et le sperme ? Par quels mécanismes se constituent-ils dans le corps ? Quel est le rapport entre le sang et le sperme ?

Le sang est le signe de la vie. Un corps vivant saigné à blanc devient un corps mort. Sang et vie sont chaleur. La vie, qui est chez les Samo une des neuf composantes de l'homme, baigne le monde et tout être vivant en détient une parcelle. On est vivant quand le sang circule dans le corps. Quand on est mort la vie subsiste, endormie, dans les ossements. Le sang naît donc des os. Cette manière de voir peut nous sembler radicalement étrangère à la nôtre. Pas du tout, explique Françoise, qui rappelle qu'Aristote raisonnait comme les Samo : l'homme produit du sperme car sa nature est chaude ; il possède la capacité de transformer une partie de son sang en cette substance plus dense, alors que la femme, qui perd son sang tous les mois, ne peut qu'éventuellement le transformer en lait. « Du fait que les menstrues se produisent il ne peut y avoir de sperme », écrit Aristote dans *De la génération des animaux*.

Un certain nombre de textes hindous aussi précisent que la vie est contenue dans les os. La crémation la libère et lui permet de rejoindre le cycle vital. Cette même idée se retrouve dans les civilisations sumérienne et égyptienne.

À notre mort nous deviendrons ce qui reste de nous : des os. Et ces os continueront à porter notre vie en eux à condition d'être rassemblés et inhumés. D'où, nous explique Françoise, cette grande frayeur universelle de mourir sans pouvoir être mis en terre par les nôtres. Ceux qui ne sont pas enterrés errent comme des spectres menaçant les vivants, chez les Samo comme dans Shakespeare. Il faut protéger les ossements de nos morts, aujourd'hui comme du temps de Babylone, où le roi Mérodach, vaincu, préfère s'enfuir avec les ossements de sa lignée plutôt que de sauver les membres encore vivants de sa famille.

L'ethnologie est, pour Françoise, un immense décryptage de la manière dont les hommes vivent, une sorte de roman policier où ses recherches se nourrissent de celles de ses collègues et de ses lectures puisées autant dans les textes de l'Antiquité que dans les manuels médicaux du XIXe siècle. De toutes ces observations Françoise retient un fait obsédant dans toutes les cultures et à tous les siècles : l'importance du sperme. Comment l'expliquer ? Le sperme et la moelle sont de même nature et contiennent le germe de la vie. Ils sont contenus dans les os, qui présentent des sortes de cavités où ils peuvent être protégés. Au cœur de la croyance, la matière. Au cœur de ce qui nous semble irrationnel, le rationnel. Au cœur de ce système symbolique se niche aussi le rapport entre les sexes.

Dès le début des années 1980, Françoise s'attaque frontalement à la question de la domination masculine. Elle la nomme et la dissèque, alors que le thème n'est pas à la mode en ethnologie ni dans l'esprit du temps. On vit alors plutôt une période de reflux du féminisme où nos filles pensent que le boulot est fait et que tout va mieux. Heureusement, la génération de celles qui ont aujourd'hui vingt ans, ou moins, depuis la révolution *#MeToo*, il y a plus de cinq ans, fait de l'égalité des sexes un enjeu majeur et vital de notre société.

« Il ne fait pas de doute, écrit Françoise en 1979 dans l'encyclopédie Einaudi, pour tout observateur de la société occidentale, qu'elle est marquée par une éclatante domination masculine. La subordination féminine est évidente dans les domaines du politique, de l'économique et du symbolique. »

Il y a d'évidence et ce, sous toutes les latitudes et dans toutes les sociétés, un sexe majeur et un sexe mineur, un sexe dit « fort » et un sexe dit « faible », un esprit « fort » et un esprit « faible ». Cette prétendue faiblesse naturelle et congénitale engendre, depuis toujours, l'assujettissement total des femmes aux hommes.

Comment et pourquoi ? Trente ans après *Le Deuxième Sexe* de Simone de Beauvoir, dont elle a été une fervente lectrice, Françoise reprend le flambeau de son illustre prédécesseuse et élargit la recherche sur la domination masculine en l'inscrivant dans le champ symbolique de l'organisation de toutes les sociétés. Pour elle, la domination masculine est la clef de voûte du vivre-ensemble. En disséquant ses modes de fonctionnement, en éclairant ses raisons d'être les plus secrètes, elle accomplit un pas décisif pour l'histoire des femmes. Elle récuse toute prise de parti idéologique et veut porter un regard « neutre » et objectif sur la question. Elle réfute les arguments de certaines féministes, notamment américaines, qui affirment qu'autrefois, il y a très longtemps, *La Femme* avait tous les pouvoirs : la domination masculine a toujours été au cœur de toutes les sociétés et il ne sert à rien d'imaginer des paradis perdus. Non, il n'y a jamais eu de matriarcat primitif, et l'histoire des femmes et des hommes n'est pas celle d'un long affaiblissement du pouvoir des femmes. Non, il n'y a jamais eu de domination féminine, ni politique, ni économique, ni idéologique. Non, les déesses mères n'ont jamais dirigé le monde. Le matriarcat renvoie uniquement à des situations bien réelles de matrilinéarité où les droits éminents reviennent aux hommes nés de certaines lignées de femmes. Depuis toujours l'homme décide, organise et domine, même dans des sociétés où les femmes disposent de droits importants, comme chez les Iroquois, où elles n'ont toutefois pas ceux de la chasse et de la guerre. Il n'y a pas d'exception à ce fait majeur qu'est la domination masculine même si, en apparence, il peut exister quelques « arrangements ». Les hommes s'estiment toujours, et ce dans toutes les situations, supérieurs aux femmes. Certes, dans certaines sociétés de chasseurs-collecteurs, il peut exister une quasi-égalité entre les deux sexes, comme chez certains Indiens pêcheurs ou ceux de la Terre de Feu, mais la domination masculine continue quand même à régir le fonctionnement social. Certains mythes viennent légitimer cette inégalité « naturelle » entre les sexes en expliquant que les femmes, trop puissantes et dangereuses, ont été dépossédées par les hommes de leurs capacités.

Cette inégalité est source de violence, tous – femmes comme hommes – s'accordent à le penser, mais elle est jugée nécessaire pour la survie de la société. De cette inégalité naissent des déséquilibres. Les sexes ne possèdent pas les mêmes droits. Le privilège du masculin, c'est d'avoir tous les droits. La femme n'existe que pour accomplir le devoir suprême d'engendrer. L'homme existe par et pour le plaisir, la femme par nécessité, comme complément. De l'homme naît la femme. Ces archétypes savamment construits et transmis jusqu'à nos jours vont-ils perdurer ? Jusqu'à quand la femme, parce qu'elle est femme, peut-elle être jugée « hystérique » ? Pourquoi l'hystérie est-elle considérée comme une maladie uniquement féminine ? Pourquoi Freud a-t-il fait de la sexualité féminine « un continent noir » et pourquoi a-t-il caractérisé la femme par son envie du pénis ?

Oui, partout, et depuis la nuit des temps, la femme ne peut produire de sperme. C'est sur cette incapacité que s'est construite la domination masculine, affirme Françoise. De l'inégalité entre les sexes, comment passe-t-on à la domination masculine ? Quels en sont les mécanismes, les racines ? Françoise mettra quinze ans à les comprendre. Pourra-t-on, un jour, y mettre fin ?

19.

La théoricienne de l'inceste

Janvier 1992 : à la suite de la découverte par son ex-épouse, Mia Farrow, de photographies de Soon-Yi nue, la fille qu'elle avait adoptée avec André Previn, Woody Allen, après avoir prétexté un travail artistique, avoue avoir des relations sexuelles avec Soon-Yi et déclare : « J'ai commencé une relation avec elle et je pensais que ce serait juste une aventure. Ce ne serait pas sérieux, mais cette histoire a vécu sa propre vie. Et je n'aurais jamais pensé que ce serait autre chose que cela. Puis on a commencé à se voir, puis on a commencé à vivre ensemble, et ça nous a plu. »

La même année, en août, Dylan, la fille adoptive de Mia Farrow et de Woody Allen, fait état auprès de sa mère d'abus sexuels de la part de son père.

L'affaire Woody Allen ne fait que commencer et aujourd'hui encore, elle n'est pas terminée. Soon-Yi vit toujours avec Woody Allen, qu'elle a épousé en 1997. Dylan, qu'on voit meurtrie et douloureuse dans le documentaire *Allen v. Farrow*, a déclaré en janvier 2018 : « Pourquoi je n'aurais pas le droit de vouloir le faire tomber ? Pourquoi je n'aurais pas le droit d'être en colère, d'être blessée ? Pourquoi je n'aurais pas le droit de m'indigner, après toutes ces années où l'on m'a ignorée, mise en doute, rejetée ? »

L'histoire a passionné le monde entier. Françoise s'y est intéressée en tant qu'anthropologue. Quels sont les déploiements pervers du désir dans ce genre de situation transgressive qui ressemble à de l'inceste sans être « véritablement » de l'inceste ? Mais qu'est-ce que le « vrai » inceste ? Où commence et où se termine la frontière, étendue et floue, entre l'alliance autorisée et l'alliance interdite ?

Woody Allen est un récidiviste de la transgression, et ce qu'il pratique, c'est ce que Françoise nomme l'« inceste rapproché ». Il joue avec l'interdit en permanence, ne semble désirer que ce qui lui est défendu et s'obstine à se justifier par le fait qu'il ne s'agit pas d'inceste, puisque Soon-Yi n'est pas du même sang que Mia. C'est un argument pervers et fallacieux rétorque Françoise. Cette manière qu'il a de se défausser en expliquant que ce ne peut être un « véritable inceste », parce que Mia n'était pas son épouse mais sa petite amie, que Soon-Yi n'est pas la fille biologique de Mia mais sa fille adoptive, n'est pas acceptable. Woody Allen peut répéter qu'il n'est ni le père biologique de Soon-Yi ni son père social, puisqu'il ne l'a pas adoptée, les faits sont là : Soon-Yi est la fille de Mia Farrow. L'intrusion sexuelle de Woody Allen dans leur histoire de mère et de fille transgresse le tabou suprême et, aux yeux de Françoise, caractérise l'inceste, qu'elle nomme du « second type », soit de « l'ultra-incestueux » par « cumul d'identiques ».

L'interdit de l'inceste relève de la séparation entre le différent et l'identique – identique dont le cumul est néfaste et redouté. Qu'une mère et sa fille se partagent le même homme apparaît comme un pur cas d'excès d'identique. Notre société efface de plus en plus les différences d'apparence entre les générations. Une mère peut se distinguer de sa fille quelquefois uniquement par de petites rides autour des yeux. Fille et mère s'habillent et se maquillent de manière identique, une mère peut avoir, d'une autre union que la première, des enfants qui ont le même âge que ceux de sa fille aînée. Elles deviennent de plus en plus « interchangeables ». Ce brouillage générationnel ne fait qu'exciter la confusion. La fille fleur, la fille femme cohabite avec la mère midinette, botoxée à mort pour ressembler à sa fille. L'inceste du second type gagne du terrain, mais nous préférons ne pas le voir. Dans son étude visionnaire et révolutionnaire, consacrée à l'inceste d'un point de vue à la fois historique et anthropologique, Françoise fait une plongée dans la manière dont nous affrontons, ou non, nos interdits.

Au moment de la parution des *Deux sœurs et leur mère*, l'inceste ne faisait pas la une des journaux et, les rares fois où l'on en parlait, c'était dans la rubrique des faits divers. À l'époque, les victimes n'osaient pas prendre la parole. Cela demeure encore aujourd'hui un acte de courage et de résistance exceptionnels.

Les temps changent, heureusement, même si la justice ne va pas assez vite et si la police n'est pas assez formée pour entendre les plaintes des victimes. Ces dernières – qui sont des femmes pour 80 % d'entre elles – ont commencé à parler et à dénoncer leurs bourreaux – qui sont des hommes dans 96 % des cas. Ce n'est qu'un début.

Le hashtag *MeTooInceste*, lancé en janvier 2021 après la publication du livre de Camille Kouchner, *La Familia grande*, à l'initiative des militantes du collectif *#NousToutes*, permet au public de prendre conscience de la banalité du mal : en France, un enfant sur dix subit l'inceste.

Quand Françoise publie, en 1994, son livre sur l'inceste, ce sujet n'est abordé que par des médecins, des psychanalystes, des hommes de loi et des spécialistes de la parenté. Elle en fait un sujet important qui concerne toute la société. Elle intitule son ouvrage *Les deux sœurs et leur mère*. Pourquoi ne l'a-t-elle pas intitulé « L'inceste du deuxième type », lui demande Bernard Pivot qui l'invite à *Apostrophes* ? « Parce que je n'ai pas osé », répond-elle en souriant. Sa thèse, en effet, est explosive. Elle affirme qu'à côté de l'inceste dit « classique » (le commerce sexuel entre consanguins) existe un autre inceste peu encore repéré, consistant dans le partage d'un même partenaire sexuel par des consanguins (telles deux sœurs, ou une fille et sa mère). Cet inceste plus complexe, plus caché que l'inceste dit classique, se produit le plus souvent à l'insu des intéressés. Contrairement au premier, il ne fait pas l'objet d'un interdit universel, même si sa pratique comporte des dangers graves pour l'ensemble de la société. Il en subsiste quelques traces dans nos lois : par exemple, dans la Bible hébraïque et le Coran, il est interdit à un homme d'épouser la veuve de son père ou de son fils, un homme ne peut pas avoir des rapports sexuels avec la fille d'une femme avec qui il a couché ; jusqu'en 1914, la loi interdisait à un homme de se remarier avec la sœur de sa femme décédée. Françoise réfléchit en élargissant la problématique et reprend les thèses de Reo Fortune qui, dans les années 1930, se demandait pourquoi on abordait l'inceste en termes d'hétérosexualité et jamais d'homosexualité. Et pourtant l'inceste homosexuel existe. Entre grand-père et petit-fils, entre père et fils, et surtout, avance Françoise, entre mère et fille.

« À mes yeux, l'inceste fondamental, si fondamental qu'il ne peut être dit que de façon approchée dans les textes comme dans les comportements, est l'inceste mère/fille. Même substance, même forme, même sexe, même chair, même devenir, issues les unes des autres, *ad infinitum*, mères et filles vivent cette relation dans la connivence ou le rejet, l'amour ou la haine, toujours dans le tremblement. La relation la plus normale du monde est aussi celle qui peut revêtir les aspects les plus ambigus. »

Françoise veut repenser la notion même d'inceste et formuler les grandes lignes d'une théorie anthropologique générale. Pour elle, c'est l'inceste du second type qui est la matrice de l'inceste « classique ». Celui-ci est basé sur la consanguinité, celui-là sur les humeurs corporelles, les fluides, la substance, le sang. C'est quand il y a trop d'identique que la mort est au rendez-vous. Trop de collusion entre deux frères quand ils font l'amour avec la même femme, ou entre deux sœurs qui le font avec le même homme. Se produit alors un court-circuit de l'identique.

Non seulement Françoise renouvelle l'approche de l'inceste en l'étendant, mais elle enrichit considérablement l'interprétation freudienne en intégrant la dimension symbolique et imaginaire des humeurs corporelles. Elle dépasse aussi les thèses lévi-straussiennes fonctionnalistes. L'inceste n'est pas seulement un interdit qui pousse à l'exogamie en instituant le social par l'échange des femmes. Il protège aussi contre l'immense péril émotionnel, physique et psychique qui menace les victimes. Les émotions ont leur place dans la construction symbolique du réel. Cette manière « corporelle » d'aborder l'inceste « désintellectualise » le sujet, nous le rendant plus proche, plus douloureux encore, plus « humain ».

Outre les apports théoriques des *Deux sœurs et leur mère*, Françoise affine sa méthode : décentrer le regard occidental et apprendre des sociétés dites traditionnelles des faits que nous voulons ignorer. Elle enrichit aussi ses recherches, commencées au Collège de France, sur l'anthropologie du corps, en développant une théorie de la mécanique des fluides corporels régie par les contraires que sont l'identique et le différent. Elle poursuit de surcroît et surtout ses réflexions sur la différence des sexes qui aboutiront à la publication de *Masculin/Féminin I* et *II* et, pas à pas, approfondit son questionnement qui devient de plus en plus philosophique : pourquoi y a-t-il des êtres humains faits comme moi et d'autres qui sont différents ? Pourquoi le féminin est-il toujours du côté de la faiblesse et du froid et le masculin de la force et de la chaleur ? C'est désormais à la découverte d'un ordre caché du monde qu'elle nous convie.

20.

La défenseuse des droits

Parler avec Françoise de l'actualité politique était un enchantement. Je ressortais de nos conversations avec l'impression d'être plus intelligente et d'avoir, pour reprendre l'expression d'Hannah Arendt, « pensé l'événement », au lieu de le subir, submergée par des tombereaux d'informations.

Françoise adorait commenter, éclairer. Elle se vivait comme une spectatrice engagée. Elle s'est syndiquée au CNRS et au Collège de France. Elle n'a pas barguigné quand le parti socialiste lui a demandé sa signature pour soutenir François Mitterrand en 1981, puis en 1988. Plus tard, elle a fait partie de l'équipe de campagne de Martine Aubry lors de la primaire des socialistes. Le soir de l'investiture de François Hollande, elle a passé la soirée dans la tente du nouveau président, place de la République.

Françoise a tenu pendant trois ans, de 1995 à 1998, un séminaire sur la violence au Collège de France. Y sont intervenus de nombreux philosophes, des historiens et des ethnologues. Il y était question de la résistance au pouvoir, de la place de la liberté dans les différentes cultures et de l'importance grandissante de la violence. Elle est partout, elle saute aux yeux, la haine : les massacres, mais aussi les violences plus feutrées qui s'abattent sur les plus faibles – les femmes, les enfants, les déshérités –, sans oublier la violence de la domination économique, la violence ordinaire, la violence d'État, la violence individuelle, la violence collective, qui se vérifie dans la montée des nationalismes, des intégrismes, des populismes.

Son activité de chercheuse n'est à ses yeux déconnectée ni du quotidien ni du présent. Elle se désole que certains politiques ne soient pas plus attentifs aux travaux des ethnologues. Elle ne se vit pas comme une experte enfermée dans sa tour d'ivoire, mais comme une vigie qui doit transmettre au plus grand public ce qu'elle sait et ce qu'elle pense. Ainsi, au moment de la guerre en ex-Yougoslavie, elle chamboule son programme et demande à Véronique Nahoum-Grappe d'intervenir dans son séminaire qui devient une agora : l'épuration ethnique, après quatre ans de guerre, se révèle plus terrible que tout ce qu'on pouvait imaginer et la cruauté des pratiques plus extrême encore. Les faits sont là. Les victimes ainsi que les bourreaux ont témoigné. Le Tribunal pénal international pour l'ex-Yougoslavie s'est constitué en 1993 pour juger ces atteintes graves aux droits des personnes. Le programme d'épuration ethnique et sa terrible brutalité ont eu lieu au cœur de l'Europe au moment même où une classe politique pensait la guerre définitivement éradiquée de son espace. Comment la violence de la destruction s'est-elle propagée ? Par quels moyens ? Qui a-t-elle d'abord choisi comme victimes ?

Françoise souligne qu'une des caractéristiques de ce conflit, avec son inimaginable cortège d'exactions, est la manière dont on a traité les femmes : non comme des êtres humains mais comme une arme de guerre. On les a capturées, violées systématiquement, engrossées, et on les a contraintes à mener leur grossesse jusqu'au bout afin qu'elles mettent au monde des enfants de la religion de leurs bourreaux. Dans toute guerre, explique Françoise, la femme est totalement niée dans son existence psychique mais aussi physique. Son corps n'est qu'un sac, c'est le sperme qui fait l'enfant, et l'enfant qu'elle « porte » aura l'identité biologique, ethnique et même religieuse de l'ennemi, qui se l'appropriera.

Le génocide au Rwanda occupe plusieurs séances de son séminaire, avec la participation de chercheuses sur le terrain. Françoise a à cœur de disséquer les logiques de haine qui ont conduit au génocide. Elle dénonce les fantasmes qui perdurent encore sur une Afrique violente, primitive, en proie à la fatalité du tribalisme. Elle stigmatise tout un discours médiatique tendant à faire de l'Afrique un conglomérat d'ethnies. Non, ce n'est pas la coexistence des identités hutu et tutsi qui explique les massacres, mais les manipulations politiques qui ont fait de l'appartenance ethnique un critère pouvant justifier l'acte de tuer celui qui n'est pas semblable à soi, c'est-à-dire qui est issu d'une autre ethnie. Comment passe-t-on de la volonté de tuer l'ennemi à celle d'anéantir toute humanité en lui ?

En conviant à ces séminaires des psychanalystes, des biologistes, des historiens, des philosophes, Françoise tente de comprendre la genèse de la violence pour pouvoir ensuite penser une éthique universelle. Elle cherche à mettre en évidence les mécanismes de la violence et de l'intolérance qui régissent, selon elle, toutes les cultures. Et pourtant, la violence n'est en rien nécessaire. Elle n'est pas naturelle : c'est une construction humaine. Prendre conscience de ses rouages est un premier pas pour tenter de la réduire à néant.

Quand elle n'est pas au Collège de France, Françoise se bat pour défendre, de toutes les manières possibles, les acquis bien fragiles de notre démocratie. Idéaliste, Françoise ? Bisounours ? Réaliste plutôt, combattante de la laïcité, défenseuse des droits des femmes, du mariage des couples de même sexe. Son audition au Sénat, le 5 février 2013, fut remarquée et remarquable : « L'humanité a fait, en optant pour l'hétérosexualité, un choix politiquement utile, politiquement correct. Toutefois, les conditions ont changé depuis le paléolithique. Avec sept milliards d'humains, il n'est plus nécessaire de fonder la paix sur l'échange des femmes et le mariage hétérosexué. »

Elle attire systématiquement l'attention des pouvoirs publics sur la précarité du statut des femmes immigrées, la journée de double travail féminin (précurseuse, en ce sens, de ce qu'on nomme la charge mentale), les conséquences de l'allongement de l'espérance de vie chez les femmes sur leur prise en charge matérielle et psychique. Souvent, elle est peu ou pas écoutée par les responsables politiques et a bien du mal à faire entendre ses points de vue. Comme elle dit : « Je franchis une succession de barrages. » Si elle me confie qu'elle a souvent l'impression d'être « inaudible », elle continue à résister malgré ses problèmes médicaux et ses malheurs conjugaux.

Janvier 2021

Je reviens le cœur serré dans cet hôpital de la Pitié-Salpêtrière où j'ai si souvent rendu visite à Françoise pendant toutes ces années où elle fut régulièrement hospitalisée.

J'ai rendez-vous avec le docteur Piette à qui Françoise a dédié son magnifique ouvrage, devenu un best-seller, *Le Sel de la vie*. En le lisant et en le relisant, il m'apparaît évident que, du jour où Françoise a été prise en charge par ce médecin, non seulement le mal dont elle souffrait par poussées atrocement douloureuses a enfin été diagnostiqué et donc soigné, mais sa vie même a changé. De cet homme, au demeurant extraordinaire tant par sa présence que par sa compétence, elle a su faire un ami.

Dans son minuscule bureau encombré de paperasserie, où trône une grenouille souriante – cadeau de Françoise « qui m'en faisait beaucoup et beaucoup trop », tient-il à me préciser –, il confie, la voix voilée : « Elle a résisté tant qu'elle a pu à la mort avec courage et avec sa sublime intelligence. Elle n'aimait pas la mort. Jamais entre nous il n'a été question de la fin mais uniquement de combats, d'hypothèses, de stratégies vis-à-vis de cette très rare maladie auto-immune (cinq cents malades en quarante ans). Elle a été valeureuse. Plus que valeureuse. Elle voulait savoir, comprendre, échanger, pas seulement avec moi mais avec les autres malades et avec leurs familles. Elle venait à chaque réunion que j'organisais et posait des questions. »

Piette ne lui a pas menti. Le traitement est lourd et elle ne pourra pas continuer à vivre comme si de rien n'était. Elle décide d'en dire le moins possible et de n'en parler qu'aux très proches. Dès mars 1984, elle est contrainte d'interrompre son séminaire au Collège de France pour raisons de santé, ainsi que son cours d'anthropologie du corps consacré aux humeurs, dont elle annonce toutefois la reprise l'année suivante. Françoise est une femme de devoir. Et de parole. Son cours, elle l'assurera l'année d'après, malgré la lourdeur du traitement.

Piette la prévient : la cortisone va modifier son apparence. « Elle me racontait, me dit-il, qu'elle avait été belle et me le répétait. Comme si je ne voulais pas la croire. Quelquefois même, elle arrivait avec des photos d'elle. » Françoise encaisse son changement d'apparence et décide de ne plus trop se regarder dans la glace. Elle m'en parlait en souriant, d'un ton léger, et me disait que, dans les moments de spleen, elle se persuadait qu'elle n'avait pas tant changé. Moi je l'avais connue avant et, tout au long de ces années où son corps et son visage se sont modifiés, je crois que je la voyais toujours comme elle avait été. Je m'accrochais à ses yeux, à la vivacité de son regard, à son sourire – Françoise souriait très souvent –, à sa joie de vivre. Elle était un exemple, non seulement d'intelligence, mais aussi de courage et de dignité face à la maladie. Ce que son apparence était devenue m'importait peu. J'écoutais sa voix, je discutais, je riais avec elle. Elle réussissait à faire oublier ses difficultés physiques. D'ailleurs, elle n'en parlait pas et elle lançait la conversation, dès qu'on avait franchi le seuil de l'appartement, sur un sujet si passionnant et traité de manière si enjouée qu'on en oubliait de prendre de ses nouvelles. Françoise ne se plaignait jamais, n'évoquait jamais sa maladie. Mais ce matin-là, dans le bureau du docteur Piette, j'ai compris qu'elle avait caché de grandes souffrances.

« Elle a vite demandé si elle pourrait guérir. Avec cette maladie, on ne peut prononcer le mot de guérison, mais les rémissions existent. Hélas, elles sont rares, et je ne le lui ai pas caché. Je lui ai répété que le chemin était long et douloureux. Elle a compris tout de suite et a accepté. Elle était dure au mal. »

Françoise va faire contre mauvaise fortune bon cœur et considérer très vite et, à juste titre d'ailleurs, que Piette est l'homme de la situation. C'est un des plus grands internistes. C'est lui qui a su diagnostiquer le mal diffus dont elle souffrait de plus en plus, après un long périple dans plusieurs hôpitaux, et il sait le combattre. Françoise part au front. À chacun sa spécialité. Elle, ce sont les règles d'alliance et de parenté. Lui, les humeurs du corps. Ils sont faits pour s'entendre. Dorénavant elle lui vouera une confiance absolue. De la même manière que, sur le terrain en Afrique, elle avait des « informateurs » à qui elle faisait crédit, elle choisit Piette comme unique interlocuteur. Elle part au combat avec lui. Qui n'a pas vu la séquence où, dans le merveilleux film de Teri Wehn-Damisch, Françoise, sur un banc du parc de l'hôpital de la Salpêtrière, invite Piette à chanter avec elle leurs chansons préférées – « Comme un p'tit coquelicot », par exemple – a du mal à imaginer la profondeur de leur amitié et leur connivence enjouée. Françoise a ce trait de caractère qui la singularisera durant toute son existence : elle croit dur comme fer à l'amitié. C'est pour elle une grande valeur ainsi qu'une manière de vivre. Dans *Au gré des jours*, elle écrit : « J'ai toujours rendu un culte à l'amitié. En réfléchissant bien, je pense être spontanément plus proche des femmes que des hommes. Du côté masculin, j'ai cependant deux amis à qui je peux pratiquement tout dire pour des raisons et sur des sujets différents : Marc Augé et Jean-Charles Piette. »

Elle rendra hommage à son cher docteur trente ans après leur première rencontre en écrivant pour lui *Le Sel de la vie*, sous-titré *Lettre à un ami*. Elle eut l'idée de ce livre en recevant de lui une carte postale, alors que, pour la première fois depuis des décennies, il s'octroyait des vacances en Écosse : « Une semaine de vacances volée. » Qui vole quoi et à qui ? lui demande Françoise. Pourquoi lui, qui donne sa vie à ses patients et se met dans un permanent état d'épuisement physique et psychique, ne s'autorise-t-il pas à se reposer ? « Vous escamotez chaque jour ce qui fait le sel de la vie. Et pour quel bénéfice sinon la culpabilité de ne jamais en faire assez ? »

Pas très difficile aujourd'hui de deviner que, malgré les admonestations amicales de Françoise, le docteur Piette, dont le portable sonne sans arrêt, et dont la conversation est sans cesse interrompue par des médecins et des infirmières qui entrent dans son bureau pour avoir son avis, a toujours l'impression qu'il devrait en faire plus et passe sa vie à l'hôpital.

Françoise est là, sa présence est palpable, son rire, sa gaieté, sa générosité, quand Piette parle d'elle ce matin-là. Ces deux-là se sont trouvé des affinités assez vite. Tous deux écrivent en secret des chansons, connaissent le répertoire, sont timides, aiment leur métier respectif et détestent les mondanités. Elle l'invite d'abord à venir avec elle écouter du jazz dans un café proche de chez elle (à l'époque, elle vit au-dessus de la gare Montparnasse), puis elle l'emmène dans ses bistrots préférés, avant de lui proposer de l'accompagner au théâtre. Elle accepte de lui remettre la Légion d'honneur. Il se fait avec délices son chevalier servant. Elle aime ses vestes bigarrées, son allure de dandy, son corps d'athlète qui pratique les haltères, son rire, son amour des voitures de course (il suit les courses de Formule 1 à travers le monde) et des fossiles, qu'il collectionne, sa franchise, ses incertitudes, sa fragilité, sa recherche de l'absolu. Le soir, elle sort de plus en plus souvent avec lui et parle de lui sans arrêt. Les copines rigolent et se moquent : « Alors, t'as le béguin ? » Elle les regarde, éberluée.

Cela fait plusieurs années qu'elle a décidé de ne plus jamais tomber amoureuse. Mais elle aime séduire, taquiner, « frétiller » comme elle dit, vivre dans l'effervescence, et avec une exaltation teintée de romantisme, une amitié avec un homme, mais l'amour, l'amour fou, c'est fini. Elle s'est promis à elle-même qu'elle n'y croirait plus et qu'elle n'en souffrirait plus.

Marc, son mari, qu'elle aimera jusqu'à son dernier souffle comme un ami de cœur, est revenu d'une mission en Amérique latine éperdument amoureux d'une jeune femme. Françoise tombe des nues. Elle croyait qu'elle finirait ses jours avec lui. Ils avaient le même amour pour leur métier, les mêmes amis, les mêmes valeurs, ils avaient Bodélio, leur manoir enchanteur en Bretagne, qu'ils avaient progressivement aménagé en paradis. La vie en commun est un enchantement, même si Catherine, la fille de Françoise et de Michel, devient de plus en plus mélancolique et qu'une des filles de Marc est de santé fragile. Cela fait vingt ans qu'ils vivent ensemble et ils sont mariés depuis neuf ans. Scénario hélas banal : la femme est jeune et belle et veut se faire épouser. Marc essaie d'abord de « finasser », comme le font souvent les hommes dans ce genre de situation, et il propose à sa femme la vie à trois. Refus de Françoise, qui campe sur ses positions, mais pense qu'il reviendra une fois l'amourette passée. Celle-ci s'éternisant, c'est elle qui propose, un soir, le divorce que Marc accepte tout de suite, à la grande stupéfaction de son épouse.

« Je n'étais pas très fier de moi et je n'en menais pas large, dit Marc aujourd'hui. J'étais malheureux de la rendre malheureuse. L'ironie de l'histoire est que je me suis aperçu qu'elle voulait que je sois tout à elle et que je change de vie. J'ai réfléchi. »

Valse-hésitation amoureuse, pas de deux, vacances passées chez des amis. Marc est prévenant, courtois, comme à son habitude. Pour autant, est-il encore amoureux ? Françoise guette en vain des signes et espère son retour. Las. Marc, grâce à Françoise, prendra de la distance avec la jeune Latino-Américaine, mais pour tomber amoureux… d'une autre femme.

« Je regrette de l'avoir fait autant souffrir. J'ai souhaité conserver des liens avec elle et j'y suis parvenu. J'ai proposé à Françoise de venir passer un Noël avec ma nouvelle compagne et moi. Elle a hésité puis elle est venue. » Il a les larmes aux yeux. « Je me souviens que Françoise a pris des boules pour les accrocher au sapin et aider Chahdortt à le décorer. Je crois qu'elle l'avait acceptée. »

Françoise se contentera de l'amitié amoureuse qu'il lui propose désormais. Il viendra la voir régulièrement à l'hôpital, puis chez elle, au moins une fois par semaine. Elle se rendra à chacune de ses communications scientifiques et louera ses compétences tant intellectuelles que littéraires. Elle sera présente à chaque occasion officielle, comme à la cérémonie organisée à l'École des Hautes Études en Sciences Sociales, dont il fut pendant dix ans le président, à l'occasion du numéro spécial de la prestigieuse revue *L'Homme* qui lui est consacré. Elle restera, à juste titre, séduite par la personnalité de cet être poétique, original, l'un des plus grands observateurs de nos temps modernes, auteur scientifique d'exception, écrivain qui a su admirablement, dans une œuvre prolifique et diverse, évoquer l'importance de nos rêves et parler de la fragilité des individus dans une société de plus en plus gangrenée par l'appât du gain, où l'on peut glisser en un rien de temps de la simple précarité à la misère la plus noire, dans l'indifférence générale.

Françoise se détachera volontairement de Marc, sur le plan amoureux. La vie est trop courte pour éprouver des regrets et vivre dans la nostalgie. Françoise a un goût inné pour la vie. Elle est d'un optimisme invétéré et se régale des menus plaisirs de l'existence. Françoise est une battante, sa grand-mère aurait dit une vaillante. Ses collègues ignorent tout de sa maladie, précédée de trois péricardites et diagnostiquée peu de temps après sa nomination au Collège de France ; en ricanant, certains d'entre eux attribuent ses absences au stress. Françoise décide de se battre, en gardant des dehors sereins. Le jour, en tout cas. Dans ses archives, j'ai pu trouver trace de ses angoisses, qui s'expriment la nuit par un rêve récurrent : elle est à l'hôpital, seule dans une chambre, et appuie sur la sonnette, car elle se sent défaillir. Des médecins et des infirmières, munis de stéthoscopes, l'entourent sans savoir répondre à ses questions et la dévisagent en silence avant de disparaître.

Dès qu'elle sort d'un séjour à l'hôpital, Françoise, sans parler à ses collègues de sa maladie, recommence, comme si de rien n'était, ses activités de directrice du Laboratoire d'anthropologie sociale : reprise des séminaires et accueil de jeunes chercheuses et chercheurs venus de toute l'Europe, mais aussi des États-Unis pour écouter cette savante qui continue à développer ses théories sur l'importance du corps en intégrant les nouvelles donnes scientifiques et sociétales.

Sollicitée à plusieurs reprises par les autorités publiques en tant que membre du Haut Conseil de la population et de la famille, Françoise aura à s'exprimer sur les conséquences de la contraception. A-t-elle modifié en profondeur le rapport des femmes à l'autre sexe ? Leur a-t-elle permis d'avoir une plus grande indépendance en leur donnant la maîtrise de la reproduction ? Autant de débats qui déchirent la société. Les tenants de l'ordre traditionnel y voient un effondrement civilisationnel, les progressistes et les féministes une révolution bienvenue. Françoise est une grande admiratrice de Simone Veil, dont elle avait suivi passionnément le discours sur l'IVG à l'Assemblée nationale le 26 novembre 1974. À l'époque, elle était une chercheuse africaniste travaillant sur son ethnie et ayant déjà mis au jour, par l'observation sur le terrain, des mécanismes de la domination symbolique et concrète du masculin sur le féminin. Elle ne fait pas partie de cette génération qui a eu la chance de n'avoir des enfants que quand elle le souhaitait, et elle a souffert, comme tant de femmes, de devoir « faire attention ».

Pour Françoise, c'est une évidence : la contraception fut et demeure à la fois une libération et une révolution. Persuadée qu'elle constitue un levier historique important de l'indépendance des femmes, elle ne cesse de mettre en garde le pouvoir et l'opinion publique contre la fragilité de cette avancée, car elle observe les tentatives répétées, aux États-Unis comme en Europe, de la limiter, voire de l'interdire (elle fut, encore une fois, visionnaire, étant donné ce qui se passe aujourd'hui en Amérique et dans certains pays européens). Elle pense que, en France, la loi fut votée par des hommes qui ne se sont pas réellement aperçus de ses conséquences. Il y a eu « maldonne », dit-elle. Ils pensaient qu'ils donnaient au « couple », et non à la femme seule, le pouvoir de contrôler les naissances. Et que ce serait un instrument de régulation de la natalité, et non d'autonomie pour les femmes.

Pour la première fois dans l'histoire de l'humanité, ce ne sont plus les hommes seuls qui ont le droit de maîtriser et de s'approprier la fécondité. Pour Françoise, cette invention médicale est celle qui a apporté le plus aux femmes occidentales en termes de liberté et de dignité. Mais elle fait remarquer que seule une minorité y a droit, alors que partout dans le monde les femmes y aspirent. Ainsi un rapport de Médecins du Monde expose-t-il que la plupart des femmes africaines voudraient avoir accès à la pilule (facile à avaler sans rendre de compte) plus qu'au préservatif, car les hommes refusent tout moyen contraceptif, la suspension de la fécondité étant interprétée comme une perte de virilité et une castration symbolique. Si l'Occident a accepté cette révolution, c'est parce qu'elle n'attaquait pas la virilité des hommes. Et pourquoi ne pas exiger des hommes aussi de prendre la pilule ? demande Françoise, qui s'interroge sur les raisons pour lesquelles ils sont hostiles à cette idée, laissant aux femmes le soin de l'avaler. Cette pilule-là, celle qui peut rendre le sperme infécond, ne passe pas. L'inégalité entre les hommes et les femmes demeure, explique-t-elle, car si la femme se libère de l'angoisse de tomber enceinte, rien n'est modifié dans les comportements sexuels de l'homme.

La véritable libération aura lieu quand les hommes voudront, comme les femmes, avoir accès à une contraception. On est loin du compte. Françoise ironise sur le succès foudroyant du Viagra. Comment ce médicament, au départ destiné à soigner l'impuissance, s'est-il si vite et si largement répandu chez la gent masculine qui, remarque-t-elle, en est la seule bénéficiaire, car « il ne me paraît pas évident que cela soit à mettre au bénéfice des femmes, dont beaucoup cherchent moins dans l'acte sexuel la performance à répétition que la fusion charnelle et affective ».

Malgré de grands progrès, les représentations les plus archaïques de l'infériorité du féminin perdurent dans nos sociétés contemporaines et restent inébranlables face aux évolutions majeures, comme la contraception, qui vont, en profondeur, faire évoluer les mentalités. Il convient donc de rester vigilant et de ne pas baisser la garde.

Hommes et femmes continuent à vivre avec des représentations archaïques de leur propre appartenance sexuelle. La domination masculine se maintient à bas bruit ou en pleine lumière avec une rare violence, sur tous les continents. Elle est acceptée comme un fait auquel on ne peut rien changer. Pour faire évoluer les mentalités, les deux sexes doivent travailler ensemble à la redistribution des rôles. Les hommes pourront, un jour, revendiquer avec fierté leur part féminine et les femmes leur part masculine. L'oppression et la dévalorisation du féminin ne sont pas forcément dans l'intérêt de la gent masculine. Et rien ne dit que l'égalité entre les deux sexes supprime l'amour et le désir. Bien au contraire.

21.

Présidente du Conseil national du sida

Il ne comprend pas ce qui lui arrive. Ce corps, il l'a serré contre lui pendant de longues minutes pour le sauver de la noyade en Méditerranée l'été dernier. Des mois ont passé et le jeune homme a voulu le revoir. Pour le remercier, il veut l'embrasser sur la bouche. Stupéfait, dégoûté puis affolé, il laisse les barrières tomber et s'abandonne. La scène est magnifique. Au milieu de la nature, dans la vibration d'un printemps naissant, il embrasse à son tour ce jeune homme dont il découvre la beauté. *Les Témoins* d'André Téchiné a pour cadre le début des années 1980. Le film rend compte avec maestria de cette vibration de la vie qu'est le désir. Désir homosexuel. Désir hétérosexuel. Un homme aime une femme, qui vient d'avoir un enfant. Un jeune homme, qui n'aime que les hommes, va tomber amoureux d'un homme, plus âgé que lui, qui n'aime pas les hommes ; pourtant il s'en fait aimer. Au début, même si l'homosexualité est un délit et une honte sociale, l'amour triomphe des obstacles. Puis, petit à petit, l'atmosphère va changer. Aux beaux jours succède la guerre. Guerre de la maladie qui se répand, telle la lèpre, dans ce qu'on nomme « la communauté homosexuelle », guerre de la honte, guerre aussi contre la sexualité. Le mot « sida » n'est pas prononcé mais tout bascule : la manière de se toucher, les mots qu'on emploie, les corps qu'on cache quand les premiers symptômes apparaissent. Téchiné sait parler de la nonchalance et de l'insouciance de cette période avant l'arrivée du sida. De ce que nous a fait le sida dans nos corps, nos mémoires, notre vision de la sexualité. De ce qu'il nous fait encore et que nous avons refoulé au fond de nos mémoires.

« Que vaudrait l'acharnement du savoir, écrit Michel Foucault dans *L'Usage des plaisirs*, s'il ne devait assurer que l'acquisition des connaissances, et non pas, d'une certaine façon et autant que faire se peut, l'égarement de celui qui connaît ? Il y a des moments dans la vie où la question de savoir si on peut penser autrement qu'on ne pense et percevoir autrement qu'on ne voit est indispensable pour continuer à regarder ou à réfléchir. »

Même Michel Foucault, qui nous a tant appris à désapprendre et nous a indiqué, dans son œuvre immense, que la sexualité est au centre de la compréhension et de la perception de nos existences, n'a pas voulu faire savoir qu'il était malade du sida.

La mort de Michel Foucault fut le premier signe d'une tragédie qui ne disait pas encore son nom. « Le véritable choc, en vérité, fut la mort de Michel. À force de vieillir, la mort entre dans l'ordre des choses mais je n'avais pas alors suffisamment vieilli [...]. Sa mort m'avait pris de court parce que le sida n'était pas encore familier, que l'hécatombe débutait juste et que l'état des malades empirait si rapidement qu'on ne pouvait pas s'y préparer», écrit Mathieu Lindon dans son livre si bouleversant, *Ce qu'aimer veut dire*.

Décembre 2020, j'ai rendez-vous avec le professeur Sicard dans un café. La pandémie de Covid-19 marque un peu le pas, mais le pass vaccinal est exigé dès que l'on s'assoit. La plupart des gens remettent leur masque dès qu'ils ont terminé leur consommation. Ambiance. Didier Sicard se souvient très bien d'un premier coup de téléphone, puis de plusieurs autres, de son ami Luc Montagnier, appelant d'Amérique, au début des années 1980, pour lui parler d'une épidémie. Il décidera très vite, lors de l'arrivée des premiers malades dans les hôpitaux, d'ouvrir à Cochin un service dédié uniquement à cette nouvelle affection, leur permettant à la fois la confidentialité et une prise en charge rapide et efficace. Celui qui deviendra le coordinateur de la prise en charge du sida dans les Centres d'information et de soins de l'immunodéficience, sera aussi le premier à en parler dans ses cours en faculté de médecine. Président du Comité consultatif national d'éthique de 1999 à 2000, il a succédé à Françoise, avec qui il a eu l'occasion d'échanger sur des sujets majeurs de bioéthique et sur sa manière, si respectueuse et rigoureuse, de prendre en charge les premiers malades du sida. À Didier Sicard, Françoise a raconté qu'elle n'avait pas bien compris quand le ministre de la Santé de l'époque, Claude Évin, lui avait téléphoné pour lui proposer de devenir présidente du Conseil national du sida. Il allait devoir la rappeler à plusieurs reprises. Elle ne saisissait pas les raisons pour lesquelles elle avait été choisie. Il lui expliqua que c'était François Mitterrand qui en avait décidé ainsi. Elle demanda à voir le président et finalement accepta après avoir compris, au cours de l'entretien avec ce dernier, qu'elle pourrait compter sur lui en cas de décisions difficiles à faire passer.

Dès le début de l'annonce de la pandémie du sida, Françoise s'est intéressée aux termes qui désignaient cette maladie. Le sang, c'est son affaire, après tout. Qu'est-ce que cette histoire de « sang impur » ? Pourquoi parle-t-on en termes de dégénérescence d'une maladie nouvelle ? Comment le sperme et le sang s'associent-ils fantasmatiquement dans cette pandémie ? Pourquoi parle-t-on de ces malades comme de pestiférés ? À l'époque, on parle du sida comme du « cancer gay », et les actes homophobes se multiplient. On sait qu'un tel est hospitalisé, qu'un autre vient de mourir. Les rumeurs se multiplient, augmentant l'angoisse de ceux qui en sont atteints. Une chape de plomb tombe sur les années 1980. Après celles du bonheur et d'une sexualité libre et dite « libérée », on passe brusquement aux années sombres, celles qu'on nommera les « années sida ».

Françoise prend vite la mesure du rejet dont fait l'objet cette maladie, de la peur panique qu'elle provoque et des fantasmes qu'elle occasionne. Mais elle ne connaît rien à ses modes de transmission et est une des seules à ne pas avoir une formation médicale, ce qui étonne beaucoup. De cette non-connaissance, elle fait une force, en proposant un regard nouveau. Elle convainc très vite les membres du Comité, comme Alain Sobel, qui lui succédera, des médecins spécialistes comme Didier Sicard, les associations de malades comme Act Up. Elle est la bonne personne pour déceler les enjeux sociétaux et politiques que provoque cette nouvelle maladie. Elle maîtrise très vite son sujet et s'engage dans des combats difficiles. Elle fait preuve d'une autorité naturelle qui étonne les membres du Comité.

Elle commence à travailler au Comité en février 1989, au moment où l'on comprend mieux les facteurs et les moyens de contamination : le sang, le sperme, le lien maternofœtal. Il y avait, d'un côté, les « bons malades », ceux qui avaient été contaminés par transfusion, et, de l'autre, les « mauvais », « les salauds », ceux qui ne pouvaient s'en prendre qu'à eux-mêmes et à leur frénésie sexuelle. Le malade n'apprend sa séropositivité que plusieurs mois après sa contamination : la recherche en « responsabilité » est vaine, inutile, bêtement vengeresse. Avoir le sida reste un secret. Les mentalités ont commencé un peu à changer lorsque Jean-Paul Aron, en octobre 1987, décide de faire publiquement son « coming out » : « Mon sida », titre le *Nouvel Observateur*. La honte change, en apparence, de camp.

La question de dire ou non la séropositivité, d'en rendre obligatoire ou non la déclaration, Françoise la posera dès son arrivée dans ce cénacle composé de civils et non de scientifiques. 1989, c'est aussi l'année de la naissance d'Act Up, collectif activiste inventif, disruptif, insolent, qui met au grand jour le drame des « séropos ». En juin 1989, des séropos en colère, un triangle rose et le slogan « silence = morts » sur leurs tee-shirts, s'allongent sur la chaussée lors du défilé de la Gay Pride à Paris. Le combat ne fait que commencer, comme le montre l'admirable film de Robin Campillo *120 battements par minute*. Au moment où Françoise accepte la proposition de Mitterrand, quatre mille cas ont été diagnostiqués en France pour la seule année 1989, et on estimera que, entre 1982 et 2002, le virus aura causé plus de quarante mille morts. On meurt du sida et on en meurt massivement.

En 1989 trois organismes publics voient le jour : l'Agence nationale de recherche sur le sida, l'Agence française de lutte contre le sida et le Conseil national du sida. Trop tard, disent ceux qui comptent leurs morts. Il n'est jamais trop tard, répond Françoise, on va tout faire pour vous aider.

Elle s'aperçoit très vite que tout est à débroussailler, à cerner, voire à nommer. Car les mots pour dire la vérité de la maladie ne sont, dans la plupart des cas, pas prononcés. C'est en tant qu'anthropologue qu'elle réfléchit : elle comprend très vite que la stigmatisation des séropositifs repose sur un système de représentation des fluides considérés comme les plus nobles – le sang, le sperme, le lait. Faire taire les rumeurs à coups de vérité scientifique, poser des diagnostics, protéger les malades, dissiper la honte, entretenir la transparence et réveiller les solidarités : tels sont ses objectifs. Et en tant que présidente, elle bataille pour saisir n'importe quel rouage de l'État, déclencher des enquêtes et faire des propositions concrètes. Son premier dossier sera celui de l'« assurabilité » des séropositifs par les compagnies d'assurances. Elle abordera ensuite, en interrogeant de nombreuses personnes, la question de la confidentialité et du secret, auxquels ont droit tous les malades, y compris ceux qui vivent dans des collectivités comme l'hôpital, la prison, l'armée.

La plupart de ses propositions seront prises en compte par le gouvernement : abandon du projet de dépistage universel obligatoire, établissement de normes collectives d'assurabilité, refus de la « troisième peine », c'est-à-dire l'expulsion des malades étrangers vers les pays dont ils étaient des ressortissants et où ils ne pourraient être soignés, soutien actif au Bus des femmes, association venant en aide aux prostituées, que Françoise a fait connaître et financée. La mesure dont elle était la plus fière – à juste titre – et dont elle parlerait souvent jusqu'à la fin de sa vie était celle du respect de la confidentialité de la maladie en prison et du transfert de tutelle de la médecine pénitentiaire du ministère de la Justice au ministère de la Santé. Une véritable révolution pour les pratiques, ainsi que pour le regard du public posé sur les détenus malades qui, comme tout le monde, ont droit au respect de leur intimité et de l'intégrité de leur personne. Arrêtons de stigmatiser et d'ostraciser ce qu'on nomme les « populations à risques », ne cessait-elle de répéter.

Son apport sur le plan politique, au sens le plus noble du terme, sera magistral. Elle réfléchit, sur la longue durée, pour tenter de dissiper les peurs attachées à cette nouvelle pandémie : dès qu'il arrive un événement, qu'il soit malheureux ou heureux, à l'homme en tant qu'espèce, ce dernier essaie de l'interpréter et de lui donner un sens, affirme-t-elle. Donc, il s'agit d'essayer de comprendre du point de vue culturel les chaînes d'association qui se constituent alors, pour pouvoir les dénouer. Nous, les Occidentaux, pensons que nous sommes à l'abri des croyances magiques liées à la maladie, car nous nous croyons rationnels et convaincus par les progrès scientifiques. Pas du tout, estime Françoise, qui affirme que les mécanismes mentaux qui nous gouvernent encore sont très anciens, omniprésents et peu empathiques avec les malades, qui ont toujours été, depuis l'aube de l'humanité, des boucs émissaires. « Comprendre ce qui se passe dans nos têtes dans la manière dont nous réagissons est nécessaire pour corriger nos actions », dit-elle dès son entrée en fonction.

Le sida se transmet par le sang, le sperme, le lait. Avec cette maladie, ce n'est pas l'éclatement de la société qui nous menace, mais celui de nos représentations mentales. La chaîne vitale qui relie le sperme au sang est brisée. Le corps est à la fois blessure et obus. Le sida fait du malade un corps à la fois physiologiquement menacé et socialement menaçant. Ce que Françoise cherche c'est, grâce à son regard, son expérience de terrain et sa capacité d'écoute, à rendre le plus acceptable possible pour l'esprit du grand public le surgissement de cette pandémie. Comment rendre tolérable la présence du sida, supportable l'idée que dans son entourage il puisse y avoir un malade – ou qu'on puisse l'être soi-même – et comment tenter d'aider les victimes au lieu de les exclure ? Rendre « humaine, trop humaine » la maladie sera un de ses principaux objectifs, à une époque dont on a tendance aujourd'hui à oublier qu'elle autorisait, voire encourageait, l'intolérance vis-à-vis de l'homosexualité. Françoise veut faire prendre conscience à l'opinion publique

que le sida ne touche pas que des hommes homosexuels, mais aussi des hétérosexuels, des femmes, des enfants. Elle entend lutter contre la double peine infligée aux femmes africaines, qui n'ont accès ni aux soins ni aux hôpitaux et qui sont confrontées à la croyance, hélas très répandue, que les hommes atteints par la maladie ne peuvent être guéris qu'en faisant l'amour avec de très jeunes filles vierges.

Il faut se battre contre l'idée consciente ou non qu'avec le sida c'est autrui qui devient un danger de mort, soit en toute ignorance soit en parfaite connaissance de cause ; se battre contre cette ère du soupçon qui envahit la société ; se battre contre la disparité des soins entre Occidentaux et Africains, entre les plus pauvres et les plus riches qui ont accès aux médicaments ; se battre contre l'inégalité entre les femmes et les hommes qui, hélas, s'amplifie avec le fléau : tous ces combats, elle les mènera simultanément et en se mettant en première ligne.

Grâce à son sens de l'écoute et à sa volonté d'entendre tous les points de vue, Françoise démine les fausses problématiques de société : non, répète-t-elle, il n'y a pas de malades innocents ni de malades coupables. Sujet tabou par excellence, la sexualité n'est pas responsable. L'idée de contamination induit aussi, par essence, celle qu'autrui est une menace. Cette pandémie, si elle n'est pas prise en charge collectivement, risque d'avoir des conséquences sur la solidité de notre corps social. Contre ceux qui prônent des mesures de contrainte et de contrôle pour lutter efficacement contre le fléau, Françoise, elle, opte pour la transparence, l'aide médicale bien sûr, mais aussi psychologique, apportée aux malades. À la répression, elle, toujours, préfère l'innovation.

Françoise fut suivie par le gouvernement dans ses différentes propositions et ses multiples contributions, et ses prises de parole médiatiques contribuèrent à infléchir le discours sur la maladie. Act Up rendra hommage à son ouverture d'esprit, à sa générosité personnelle. Son combat contre les idées reçues, sa constance à prendre publiquement le parti des malades ont participé à l'évolution de l'opinion sur la maladie. En tout cas, elle a mis toutes ses forces dans ce combat, même si elle savait que son action était dérisoire et insuffisante.

En relisant attentivement ses argumentations, je me disais qu'il était fort dommage que, contrairement à ce que François Mitterrand avait fait pour le sida, Emmanuel Macron n'ait pas créé un Conseil scientifique national du Covid-19 fonctionnant plus clairement que le conseil de la défense sanitaire, et regroupant des personnalités d'autres disciplines que la médecine, aussi qualifiées que Françoise l'avait été pour le sida. Cela aurait peut-être permis de dissiper un peu le flou entretenu par notre président vis-à-vis du Conseil scientifique et de rendre plus démocratiques les prises de décision concernant le corps social tout entier.

22.

La penseuse de la domination masculine

« Les progrès de la raison sont lents, les racines des préjugés sont profondes », écrivait Voltaire. Avec *Masculin/Féminin*, Françoise rassemble, synthétise et théorise trente années de recherche sur le rapport entre les sexes et invente un nouveau concept qu'elle nomme la « valence différentielle des sexes ». Elle entre dans l'arène en expliquant pourquoi et comment, depuis l'aube de l'humanité et sous toutes les latitudes, la domination masculine s'exerce et continue à s'exercer grâce à la force des préjugés. Toujours modeste, elle prétend qu'elle a découvert ce domaine un peu par hasard et qu'elle a eu beaucoup de chance de vivre au sein d'une ethnie, les Samo, au système de parenté original, et d'avoir eu accès à beaucoup de textes sur ce sujet, en particulier Aristote, mais aussi une abondante littérature médicale, notamment celle des médecins hygiénistes du XIXe siècle. Toujours est-il qu'elle va nous apporter des moyens nouveaux de penser et de combattre l'inégalité majeure, structurelle, universelle, base élémentaire du fonctionnement de toute société : l'inégalité entre les sexes.

À la fois pragmatique et toujours douée d'une capacité d'étonnement devant ce qui est tenu pour une évidence – trait psychologique qui la caractérise dans sa vie quotidienne, mais qui lui a aussi beaucoup servi dans sa carrière scientifique en l'amenant à poser des questions que personne d'autre, avant elle, n'avait formulées –, elle commence par interroger ce qui nous semble un truisme : il y a d'une part des hommes et d'autre part des femmes. Comme une sorte de Socrate, elle se demande pourquoi. Parce qu'ils sont différents. Les hommes ressemblent à d'autres hommes et les femmes à d'autres femmes. Il y a donc là de l'identique et du différent. Qu'est-ce qui les sépare ? Les femmes font des enfants, les hommes n'y sont jamais parvenus. Les femmes possèdent ce privilège exorbitant de faire *à la fois* des filles et des garçons. Donc les femmes font des hommes. De ce pouvoir des femmes, les hommes ont voulu se prémunir en contrôlant cette capacité de reproduction.

La femme est du côté de la faiblesse, l'homme de la force. Ce fait, reconnu depuis les temps préhistoriques jusqu'à aujourd'hui dans toutes les sociétés, est tenu pour une donnée naturelle. C'est cette prétendue « naturalité » que Françoise va déconstruire systématiquement. Non, la femme n'est pas faible par nature et l'homme fort de toute éternité. C'est une croyance, pas un fait. Cette « faiblesse » n'a aucun fondement dans la nature, car les femmes peuvent tout faire : « Il n'y a pas, en fait, de tâches que leur sexe leur interdirait d'accomplir pour des raisons physiques. » C'est une construction fondée sur des représentations, des logiques de pensée. La hiérarchie entre les sexes émane donc d'un jugement de valeur, qui appartient à la sphère idéologique, par conséquent à la sphère de la culture. La domination masculine et tout ce qu'elle implique sont des constructions que nous prenons pour des évidences, tant nous sommes habitués à penser selon les catégories, si anciennes, de la différence des sexes, que nous avons héritées de nos parents et de nos grands-parents.

Françoise dédie *Masculin/Féminin* à sa grand-mère, qui lui a inculqué, dès son enfance, qu'une fille ça ne fait pas de vélo, ça ne pense pas, mais qu'en revanche ça doit savoir coudre et faire la cuisine. « Ma grand-mère n'a fait que répéter ce que sa mère lui avait dit de faire. Ma grand-mère aurait pu, tant elle était intelligente, s'inventer sa vie », disait-elle en souriant.

Il n'y a pas que sa grand-mère. Il y a nous toutes, nous tous. Nous continuons à vivre dans cet ordre sexué archaïque en adhérant aveuglément au monde tel qu'il nous est proposé.

Françoise ne parle pas comme une professeure du Collège de France qui ne s'adresserait qu'à une élite, mais comme quelqu'un qui voudrait faire bouger les lignes de la société. Elle va nous expliquer comment nous – femmes comme hommes – subissons ce joug d'une masculinité considérée comme supérieure.

Cette domination masculine, on la retrouve partout et Françoise veut la débusquer dans les faits bien sûr, mais aussi dans notre imaginaire. Ainsi des conseils prodigués par un grand magazine féminin, qui explique à ses lectrices comment, par leur alimentation, elles peuvent choisir le sexe de leur enfant. Si elles veulent une fille, elles doivent manger des jaunes d'œuf, des poireaux, de la salade et, pour un garçon, il leur est recommandé de ne se nourrir que de viande rouge et d'aliments riches en fer. Cette conception transparaît également dans la description de l'origine même de la vie : encore de nos jours, le spermatozoïde est décrit comme actif, vif et mobile, alors que l'ovocyte « attend » d'être « activé », la fécondation étant alors perçue comme une « course » du spermatozoïde vers l'ovule. Les spermatozoïdes porteurs du chromosome X (féminin) sont jugés plus lents que ceux qui sont dotés du chromosome Y.

Tout, dans notre vocabulaire comme dans notre manière de penser et d'associer, reflète l'infériorité du féminin, jamais remise en question dans les comportements et dans les mots que nous utilisons depuis des siècles à notre insu. Ainsi à l'article « Femme » du *Grand Dictionnaire universel du XIXe siècle*, publié en 1872, Proudhon est-il cité au sujet de « l'infériorité intellectuelle de la femme » : « Que lui manque-t-il ? De produire des germes, c'est-à-dire des idées. » Pas de semence, pas d'idées. La semence étant seule jugée procréatrice, les femmes sont des vases temporaires, dans lesquels les hommes fabriquent de nouveaux vivants.

Masculin/Féminin entend traquer et mettre au jour les théories sous-jacentes à la différence entre les sexes pour tenter ensuite de s'attaquer à ces disparités établies depuis des millénaires. Pour savoir mener un combat, il faut connaître la nature et les tactiques de l'ennemi. Reprenant ses travaux sur la parenté et sur la fécondité, Françoise avance pas à pas dans sa démonstration : la clarté de sa logique n'a d'égale que l'ampleur de ses connaissances historiques, puisées dans de nombreuses cultures de pays du monde entier. Progressivement elle apporte des explications au caractère universel de la domination masculine. Tout vient de la différence sexuelle. À l'origine, les hommes ont craint les femmes parce qu'ils ont observé que seuls les êtres de sexe féminin enfantaient. Ils ont alors voulu contrôler ce pouvoir de procréation, par l'échange des femmes, et construire en leur faveur l'ordre symbolique et les rapports de force qui régissent le monde. Dans ce « rapt » de la puissance féminine réside la raison de la domination masculine. Françoise le démontre par une pensée rigoureuse s'appuyant sur quantité de descriptions de cet état de fait dans de nombreuses civilisations. Du même coup, elle élargit notre notion de l'universel. Toutes les sociétés partagent, en effet, cette même vision du monde à partir de l'observation du corps. Les invariants communs à toutes les sociétés humaines sont issus des mêmes constats de la différence des sexes, de l'ordre des générations, des fluides corporels, de l'alternance du jour et de la nuit.

Réagir à ce qui l'entoure, survivre, comprendre l'ordre des choses, c'est ce que fait l'homme depuis toujours. À partir de l'observation d'un substrat biologique universel, il a partout construit les mêmes systèmes de pensée. C'est ce qui nous est commun que Françoise veut mettre en lumière. À la manière d'une aventurière qui avance sur de nouveaux territoires, elle se met en quête de nos universaux les plus archaïques. Comme Freud qui découvre l'inconscient, comme Saussure qui interprète le fonctionnement de la langue comme un système clos de signes, Françoise, en ancienne égyptologue férue de décryptage de hiéroglyphes mentaux et en amoureuse et connaisseuse de polars, avance des thèses pour comprendre les bases universelles de nos logiques de pensée : « Toutes les sociétés humaines sont construites à partir de réponses particulières données à des questions et à des problèmes universels. C'est la question universelle qui compte car elle est immuable. »

Françoise souhaite dessiner les contours de cet appareil conceptuel commun à l'humanité tout entière, qui organise notre vision du monde. Tout part du constat bien concret de la différence des sexes. De là naît l'opposition abstraite entre l'identique et le différent. De celle-ci naissent des couples d'opposés abstraits ou concrets inscrits au plus profond de notre psyché : le chaud et le froid, le cadet et l'aîné, le sec et l'humide, le jour et la nuit, le haut et le bas, le clair et l'obscur, l'inférieur et le supérieur.

Françoise classe, catégorise, ordonne pour comprendre comment l'homme a mis de l'ordre dans son ressenti du monde. En disséquant la construction de notre alphabet symbolique, elle constate qu'un de ses principaux piliers est la « valence différentielle des sexes ». Pourquoi cette absence d'égalité entre les sexes ? Comment expliquer son universelle présence ? Il s'agit moins d'un handicap physique qui serait propre au sexe féminin (fragilité, poids, grossesse, allaitement) que de l'expression d'une volonté de contrôle de la reproduction par le sexe masculin, qui ne possède pas ce pouvoir si particulier et si immense. Françoise a le don de questionner l'inquestionnable et, à la manière d'un enfant, refuse de s'en tenir aux évidences qu'elle remet en question. Elle se demande : mais, au fond, pourquoi les hommes n'enfantent-ils pas ? Ils ont peut-être été dépossédés de ce pouvoir. C'est ce que racontent de nombreuses mythologies. Mais les hommes ne peuvent faire d'enfants sans les femmes et, pour mieux affaiblir le pouvoir d'enfantement de ces dernières, ils ont accolé à leurs caractéristiques anatomiques et physiologiques des traits psychologiques comportementaux supposés « naturels ». « Par nature » les femmes ne sont pas douces et les hommes agressifs. Des différences entre les sexes, on ne peut, en aucun cas, déduire des compétences, des tempéraments, des qualités ou des défauts sexuellement typés et encore moins les hiérarchiser. Cette prétendue « évidence » de la supériorité du masculin sur le féminin est devenue, au fil du temps, une évidence massive, et il s'agit de la déconstruire.

Cette inscription si ancienne, si archaïque, si profonde, si universelle de la domination masculine rend-elle pour autant impossible la lutte des femmes pour l'égalité ?

Françoise n'est pas d'un optimisme béat. Elle constate que sa génération ne tient plus pour acquise la supériorité masculine, mais elle sait qu'elle appartient à un monde privilégié socialement et que les femmes issues de milieux moins favorisés ne peuvent mener ces combats. Elle insiste pour que nous pensions la condition de la femme à un niveau universel et pas seulement dans sa version occidentale. L'infanticide des filles premières-nées en Chine, la mort, présentée comme accidentelle, de jeunes Indiennes jugées trop peu dotées par leur future belle-famille, sans oublier le viol systématique des femmes comme arme de guerre dans l'ex-Yougoslavie et ailleurs sont là pour nous rappeler que le corps des femmes demeure un butin et que leur intégrité est systémiquement menacée. Certes, il est impossible de ne pas constater une évolution majeure du statut de la femme entre ce qu'ont vécu sa grand-mère, sa mère, et ce qu'elle a vécu elle-même. Mais les principes et les mécanismes de la domination masculine sont toujours en place et les nouvelles libertés – dont celle, révolutionnaire, de la contraception – peuvent être à tout moment remises en question. N'oublions pas que c'est en 1996, à la conférence de Pékin, qu'a été signé le texte reconnaissant aux femmes le droit de décider par elles-mêmes de ce qui était bon pour leur santé et celle de leurs enfants sans avoir à obtenir l'autorisation de leur mari. Depuis, les acquis concernant l'égalité entre les sexes et la liberté des femmes – on le voit en ce moment en Afghanistan, où les filles n'ont plus le droit d'aller à l'école, aux États-Unis et dans certains pays européens avec le retour de l'interdiction de l'avortement – sont partout menacés.

A-t-elle été assez explicite au sujet de ses intentions, assez catégorique dans ses conclusions ? Françoise est une éternelle insatisfaite. Françoise n'est jamais sûre d'elle-même, craint toujours de n'avoir pas clairement transmis le fruit de son travail et se sent blessée par les attaques sur son manque de radicalité. Françoise est sans cesse en train de se justifier. Alors qu'elle lutte de plus en plus contre sa foutue maladie, qui l'oblige à interrompre ses cours au Collège de France et à vivre plus d'un tiers du temps à l'hôpital, elle décidera de poursuivre le travail engagé sur *Masculin/Féminin*, pour deux raisons : d'une part, elle entend aller plus loin dans l'étude de l'appropriation du corps des femmes par les hommes, qui entérine *de facto* leur perte de liberté et, d'autre part, elle veut clairement inscrire son travail scientifique dans une perspective d'affranchissement des femmes en proposant des leviers efficaces.

Elle prend sa retraite du Collège de France de manière anticipée, après dix-sept années d'enseignement, en raison de la gravité de sa maladie. Comme cela arrive quelquefois par bonheur dans nos existences, cette retraite a correspondu avec une rémission de sa maladie, ce qui lui a permis de compléter, d'amplifier et d'approfondir ses recherches sur l'inégalité des sexes. Il s'est passé pour elle ce qui se passe quelquefois pour les femmes qui envisagent d'avoir recours à la fécondation in vitro. À partir du moment où elles engagent la démarche, certaines… tombent enceintes. « Moi, écrit-elle dans *Une pensée en mouvement*, j'ai pensé qu'il valait mieux que je m'arrête parce que ça allait empirer. Et du jour où j'ai décidé d'arrêter, j'ai eu une rémission, qui ne durera

pas éternellement, mais qui dure quand même depuis presque quatre ans. »

L'accueil réservé à son livre *Masculin/Féminin II*, tant par la communauté scientifique que par les médias, a été dithyrambique et cela a étendu non seulement la notoriété de Françoise, mais aussi son image de « mamie savante » sur les sujets touchant aux femmes. Elle va alors opérer un tournant. Elle, qui ne situait son approche de la question féminine que sur le plan anthropologique, décide de s'engager dans la cause des femmes, pleinement, clairement. Déconstruire les mécanismes de l'inégalité entre les sexes veut aussi dire trouver les moyens adéquats pour la combattre. Affirmer qu'il sera difficile de parvenir à une totale égalité ne veut pas dire y renoncer pour autant. À la sortie de *Masculin/Féminin I*, Françoise avait été un peu bousculée à sa gauche par des féministes qui, certes, admiraient ses thèses, mais trouvaient que sa description des mécanismes d'oppression rendait l'idée de tout combat hasardeuse, voire impossible. Françoise propose de nouvelles pistes pour actionner les leviers de la lutte contre la domination masculine. Il ne faut pas se tromper de combat. D'abord ne pas se réfugier dans des mythes permettant de croire et de penser qu'avant le patriarcat il y eut le matriarcat et qu'un retour à celui-ci serait une solution. Il n'y a jamais eu de matriarcat, démontre-t-elle, mais seulement des sociétés matrilinéaires, c'est-à-dire où le système de filiation et le droit à la succession passent exclusivement par les femmes : les pères n'ont pas de droits sur leurs propres enfants mais, en revanche, les oncles maternels – les frères des mères – ont tout pouvoir (économique, politique) sur leurs sœurs et les enfants de ces dernières. Chassez l'homme par la porte, il revient par la fenêtre.

Ne soyons pas dupes. Ne croyons pas que les amazones vont reprendre le pouvoir ou que des conseils à l'iroquoise – où les femmes âgées ont le droit de siéger et disposent d'un droit de veto en cas de guerre – vont régler les problèmes. Observons plutôt ce qui se passe dans la réalité et, particulièrement, dans l'enceinte sacralisée et érotisée du pouvoir : le Premier ministre Alain Juppé, six mois après avoir nommé douze femmes dans son gouvernement, a décidé, en novembre 1995, de virer huit d'entre elles sans autre forme de procès. Preuve, s'il en était besoin, que même dans les démocraties les plus avancées la femme est au mieux un faire-valoir, au pire une quantité négligeable. Et que, dans tous les cas de figure, plus on est entre hommes, mieux on se porte.

Pour lutter contre les archétypes que nous véhiculons et assimilons – nous autres aussi, les femmes –, Françoise va essayer de comprendre comment et pourquoi nous en sommes arrivés à penser la domination masculine comme naturelle. Elle va mettre au jour les structures élémentaires de la féminité et tenter de les analyser. Elle s'aide de lectures, se nourrit de philosophie (surtout antique), de littératures traditionnelles et des observations d'ethnologues venus participer à son séminaire. Françoise pense que la théorie aristotélicienne du sang – une femme perd son sang involontairement, un homme le décide – ne suffit pas à expliquer la domination masculine. Elle s'étonne que, dans toutes les sociétés – y compris matrilinéaires –, le corps de la femme, dans le processus de l'engendrement, soit réduit à une matrice ou à un lieu de passage. D'Aristote au Nouveau Testament, en passant par la majorité des sociétés dites traditionnelles, aux femmes est confisqué le pouvoir de la fécondité : il appartient aux hommes. Comment et pour quelles raisons s'est opérée cette dépossession ? Françoise, encore une fois, part de l'observation du corps. Depuis que le monde existe, ce sont les femmes qui, seules, ont donné naissance aux filles comme aux garçons. Les garçons ne naissent donc pas des hommes. Si les femmes ne faisaient que des filles, les hommes l'auraient peut-être accepté. Or les femmes font non seulement de l'identique, mais aussi du différent.

« Pour se reproduire à l'identique, l'homme est *obligé* de passer par un corps de femme. Il ne peut le faire par lui-même. C'est cette incapacité qui assoit le destin de l'humanité féminine. »

Le corps de la femme est un mal nécessaire par lequel l'homme doit passer pour avoir des fils et, accessoirement, des filles. Ces dernières serviront plus tard à être les contenants de passage pour la conception des fils, la femme n'étant jamais qu'une matrice. Les femmes elles-mêmes consentent – plus ou moins volontairement – à cette infériorisation entretenue par une sourde violence de la société à leur égard. Par ailleurs, s'appuyant sur son examen des règles de parenté, de leurs diverses variantes et de celles qui ont été réellement observées dans les sociétés humaines,

Françoise – parce qu'elle n'admet pas la prétendue symétrie entre les deux sexes – met en évidence un fait jusque-là resté inaperçu : l'asymétrie du rapport entre germains de sexe différent. Le rapport frère-sœur est différent du rapport sœur-frère. Jamais une sœur, lorsqu'elle est l'aînée de la famille, ne pourra être considérée en tant que telle : parce que née de sexe féminin, elle sera toujours considérée comme la cadette de son frère plus jeune qu'elle. On ne trouve aucun système de parenté où les femmes seraient les aînées et où elles appartiendraient à la génération supérieure. Ainsi la différence entre les sexes vient-elle heurter frontalement la différence naturelle entre les âges et l'annuler. Les filles seront, hiérarchiquement, toujours en dessous des garçons. C'est ce que Françoise nommera la valence différentielle des sexes. La manière de penser les rapports entre les sexes est liée à la manière de penser la cosmologie et le monde surnaturel. Françoise, avec sa rigueur logique et la clarté de sa langue, fait ainsi une avancée considérable dans la réflexion anthropologique sur la hiérarchie des sexes.

23.

La défenseuse du droit des femmes

Que veut dire être femme aujourd'hui ? Comment l'égalité juridique – de moins en moins contestée – s'accompagne-t-elle d'une inégalité de fait, que nous continuons à tolérer comme si elle était naturelle ? Hommes enseignants à l'école maternelle, femmes ministres du gouvernement ? Pourquoi pas ? De plus en plus d'hommes savent et aiment s'occuper des tout-petits, ce qui leur a été interdit pendant des siècles, et pourtant de moins en moins de femmes ont des responsabilités politiques régaliennes dans nos gouvernements… Que faudrait-il faire pour changer la donne sans avoir à attendre cinq mille ans et se contenter de quelques progrès, certains mais trop lents ? Les pratiques ont-elles le pouvoir de changer la manière de penser la différence entre les sexes ?

Françoise part du pensable pour établir le possible. Revisitant le structuralisme de son maître Lévi-Strauss, elle en ébranle sérieusement les fondements. Celui-ci avait, en effet, désigné comme fondations du social l'interdit de l'inceste, l'exogamie, le lien légal unissant les groupes par le mariage, la répartition des tâches en fonction du sexe. Lévi-Strauss avait présenté l'interdiction de l'inceste comme la volonté des hommes de renoncer à la possession sexuelle de leurs mères et de leurs sœurs pour les « échanger » (c'est le terme qu'il employait) contre celles qui appartiennent à d'autres groupes. Mais pourquoi les hommes ont-ils décidé de s'« échanger » les femmes, les traitant ainsi comme comme des objets, des non-sujets, voire des marchandises ? C'est qu'ils s'en sont reconnu le droit et le pouvoir. Cela signifie que la valence différentielle des sexes existait déjà, imposant sa loi. Elle fait partie des invariants qui régissent l'ordre de l'humanité. Elle est là dès l'origine du social. Claude Lévi-Strauss n'avait peut-être pas, tout simplement, remis en cause la supériorité de l'homme sur la femme et avait posé, comme s'il s'agissait d'une évidence, que les femmes ne s'échangent pas elles aussi les hommes, mais qu'elles sont les seules à être toujours « échangées ».

Françoise déboulonne les certitudes et nous fait changer de lunettes. Elle s'attaque frontalement à celui qui fut son mentor et qui décida qu'elle lui succéderait.

Révolte de l'élève contre le maître ? Ce n'est pas son intention. Ce qui la guide, c'est la volonté d'élucider et de traquer, jusque dans les origines de la pensée, le fait non naturel qu'on fasse des femmes des inférieures, en ne l'interrogeant même pas tant cela relève de l'évidence. Pas pour elle. Claude Lévi-Strauss prendra très mal l'affront intellectuel qu'elle lui fait subir.

Le feu couvait déjà depuis 1974, au moment de la publication des *Deux sœurs et leur mère*, où elle avait questionné, sans la remettre en cause, la théorie lévi-straussienne de la prohibition de l'inceste. Elle lui avait envoyé son livre avec une dédicace affectueuse. Il avait accusé réception en commençant d'abord par des compliments: « On y retrouve ce qu'on aime en vous: rigueur de la pensée, puissance d'analyse, clarté lumineuse des démonstrations; plus, mieux évident ici, peut-être, un don visionnaire – je veux dire celui d'apercevoir des choses cachées. [...] Cette symbolique de l'identique et du différent, que vous mettez admirablement en lumière, est certes un ressort très profond du fonctionnement de l'esprit. » Viennent ensuite les modérations de l'enthousiasme: « [...] toutes les sociétés ne l'ont pas mise en œuvre avec autant de zèle dans tous les domaines. Certaines seulement ont choisi les rapports entre les sexes pour épuiser ses implications ». Puis les admonestations: « On cherchera sans doute à nous opposer. Peu importe. Ce qui m'intéresse plutôt, c'est que, effectuant les calculs, vous par un bout et moi par l'autre, nous parcourions en sens inverse les mêmes étapes et qu'elles s'éclairent chaque fois sous des jours différents. Sur ce qu'on pourrait appeler la psychologie des rapports incestueux, vous apportez des vues pénétrantes et très neuves. Ce sont là des acquis définitifs et qu'on ne pourra négliger. La façon dont vous me résumez [...] me paraît discutable. [...] Tout au plus ai-je suggéré dans *Les Structures [élémentaires de la parenté]* une connexion hypothétique avec l'émergence de la pensée symbolique et le dédoublement de la perception de la femme comme valeur et comme signe, que le langage aurait permis de conceptualiser. » Qu'en termes choisis et feutrés tout cela est dit... N'empêche que Lévi-Strauss voit un des piliers principaux de sa pensée conceptuelle ébranlée par sa principale disciple...

La querelle est philosophique, anthropologique et politique. Le fossé entre eux ne cessera de se creuser pendant des années sans que ni l'un ni l'autre ne le laissent transparaître publiquement, Françoise persistant à répéter qu'elle doit tout à son maître. Celui-ci continuera, par courrier, à lui envoyer des commentaires, de plus en plus acides, sur sa manière de s'obstiner à le contester. Progressivement, il change de ton. Prenant prétexte d'une conférence qu'elle prononce le 8 juin 1999, Claude Lévi-Strauss lui envoie cette lettre cinglante : « J'ai lu avec intérêt vos propos sans être persuadé que l'écart entre nous est aussi grand que vous êtes amenée à le dire pour mieux faire ressortir votre pensée. Je ne conteste pas son originalité, mais si vous voulez bien me relire vous constaterez que je vais au-delà. Et j'ai consacré la fin de mon livre *L'Homme nu* à soutenir que, si les oppositions binaires existent dans l'esprit, c'est qu'elles sont déjà dans les corps et dans les choses. Au fond il semble que les différences entre nous peuvent se réduire à deux : vous ouvrez plus large votre compas et (parenté mise à part) nous ne nous fournissons pas en matériaux dans les mêmes chantiers (c'est tant mieux). »

Les escarmouches continueront et trouveront leur point d'orgue en 2006, tant Lévi-Strauss se sentira « bousculé », puis « incompris », et même trahi par son élève préférée, dont il n'aurait jamais pensé qu'elle viendrait troubler sa vieillesse respectée. Françoise a continué à dire, jusqu'à son dernier souffle, qu'elle lui devait tout. Mais, dans *Masculin/Féminin II*, il paraît clair qu'elle s'exprime comme une citoyenne, et pas seulement comme une scientifique « neutre », et qu'elle appuie ses réflexions autant sur la lecture des journaux et l'actualité politique que sur l'observation anthropologique. Elle revendique un statut d'intellectuelle engagée et quitte sa tour d'ivoire de scientifique spécialisée, répondant ainsi aux critiques de certaines féministes qui, à la parution du premier tome, lui avaient reproché de n'avoir pas proposé d'alternative à la domination masculine, tant elle était inscrite profondément et de manière universelle. Cette désignation de la hiérarchie des deux sexes comme invariant anthropologique pouvait faire penser qu'elle était immuable. Françoise va nier toute forme de fatalisme.

Masculin/Féminin II, sous-titré *Dissoudre la hiérarchie*, entend offrir non des solutions, mais une prise de conscience et des moyens de se rebeller. Françoise pose des questions fondamentales : pourquoi les violences envers les femmes augmentent-elles ? Pourquoi les femmes subissent-elles des discriminations pour l'accès à l'éducation ? Pourquoi sont-elles, à compétences égales, moins bien payées que les hommes ? Pourquoi l'intégrité de leur corps, de leur esprit, de leur personne n'est-elle pas reconnue ? Pourquoi l'égalité entre les deux sexes semble-t-elle encore une utopie, même si des progrès ont eu lieu ? Pourquoi les femmes ne sont-elles pas des hommes comme les autres ? Pourquoi cette mise sous tutelle et cette sujétion immémorielles ?

« En tout cas, le fond de la question, c'est que l'idée même de l'égalité homme/femme n'est pas acceptée au fond du cœur de milliards d'individus dans le monde et pas seulement par des États, des groupes de pensée et des gouvernants, parce que cette égalité accorderait aux femmes le statut d'individu libre, et donc de personne, ce qui leur est fondamentalement dénié. »

Françoise est efficace, concrète et se projette dans l'avenir. Elle veut dénoncer un état de fait, l'expliquer, l'éclairer aussi. Dans une première partie intitulée « Idées reçues toujours actuelles », elle dissèque les discours de légitimation de l'infériorité des femmes et réfute toutes les explications « naturalisantes ». Dans la seconde partie, dressant un panorama insoutenable de la violence faite aux femmes partout dans le monde, elle réclame un statut de personne juridiquement autonome pour toutes les femmes, et pas seulement en Occident. La troisième partie, la plus militante, entend proposer un programme pour dissoudre la hiérarchie. Elle défend la parité en politique, critique la légitimité du seul désir sexuel masculin, se bat pour les droits des prostituées et affirme haut et fort combien sont néfastes les images dégradées et dégradantes de la femme dans les publicités. Elle appelle de ses vœux des mesures législatives radicales et place ses espoirs dans un futur proche où les enfants, dès leur plus jeune âge, seraient élevés dans le respect de l'égalité entre les sexes. La voie d'accès la plus importante à l'émancipation complète de la femme est la protection et l'universalisation de la contraception. Le droit à la contraception fut, et demeure, le premier levier pour attaquer la suprématie du masculin. Le fait que les femmes, comme nous le chantions au début du MLF sur les marchés chaque dimanche matin, proclament « Un enfant si je veux, quand je veux » leur a permis d'instaurer en leur faveur un espace de liberté et de conquête de soi vertigineux. Le droit de choisir ébranle le point même où s'est fondée et cristallisée la domination masculine. Certes les femmes ont, de tout temps et sous toutes les latitudes, tenté de ralentir leur procréation : dès l'Antiquité, elles savaient fabriquer des pessaires et des éponges pour ne pas tomber enceintes et pratiquaient l'avortement, au prix de grandes souffrances. Mais cela se faisait en cachette des hommes. Pour la première fois, grâce à la légalisation de l'avortement et aux nouvelles techniques de procréation, les femmes décident et ont la maîtrise de la conception. C'est une révolution. « C'est la fin du pouvoir de l'homme et du père », s'écriait un parlementaire au moment du vote de la loi. Il avait raison, s'exclame Françoise. C'est un retournement de situation. La contraception intervient justement là, très précisément, où se noue l'assujettissement féminin. Inscrire dans la loi le droit des femmes à la contraception c'est, indéniablement, changer à long terme les règles du jeu social. Il s'agit bel et bien d'un rééquilibrage de l'ordre hiérarchisé de nos catégories mentales. Mais, attention, les schémas archaïques de la domination des mâles sont toujours très efficaces : sinon comment expliquer l'absence presque totale de contraception pour les hommes, si ce n'est par la crainte qu'elle puisse porter atteinte à leur intégrité physique et mettre en péril leur virilité féconde ? Et à quand un Viagra pour femmes ?

« Parvenir à l'égalité ne suppose pas de le faire pour une victoire à l'arraché dans une “guerre” menée contre le genre masculin. » Françoise appelle à une révolution copernicienne, qui ne se fera pas en un jour mais sur des générations et qui nécessitera une vigilance constante de la part des femmes et une coopération active de la part des hommes, à qui on demande beaucoup. Dans un premier temps ils résisteront, tant ne plus bénéficier de privilèges acquis est difficile, mais plus tard ils seront aussi les bénéficiaires du changement, car de nouveaux rapports de séduction, fondés sur l'égalité donc la réciprocité, naîtront entre les deux sexes.

Françoise récuse les thèses de Freud sur le « continent noir de la psychanalyse » qu'est la sexualité féminine, un sexe qui serait réduit à l'envie du pénis. Elle réfute aussi certaines des thèses de Simone de Beauvoir, dans *Le Deuxième Sexe*, notamment l'ignorance, chez les « peuples primitifs », du lien entre copulation et engendrement. Françoise ouvre un nouveau chemin de pensée et de combat, inextricablement mêlés, et nous enjoint non de mener une guerre des sexes, mais de construire une alliance entre eux. Pour elle, en effet, la lutte pour la reconnaissance des droits des femmes ne peut se faire qu'avec la complicité active des hommes.

Je ne peux qu'être frappée par le côté visionnaire des combats féministes de Françoise. Tant contre les féminicides que contre la prostitution ou encore les mutilations sexuelles. Ne s'abritant pas derrière son statut d'anthropologue, alors qu'elle aurait pu se retrancher derrière le respect des cultures traditionnelles, comme certaines l'ont fait dans sa profession, elle plaide toujours, en tant qu'universaliste, pour la liberté une et indivisible et pour l'intégrité physique et psychique de *la* femme, quelles que soient sa classe, son origine, sa condition, son appartenance.

Nous, les femmes.

Donner plus de droits aux femmes est une condition nécessaire, mais pas suffisante, pour dissoudre la hiérarchie des sexes. S'attaquer à l'imaginaire qui nous régit depuis les siècles des siècles prend du temps et de l'énergie. Françoise appelle à une révolution du féminin qui ne soit pas réservée à l'Occident et refuse une guerre des sexes, selon elle, inopérante et inutile. C'est par l'éducation des deux sexes, dès le plus jeune âge, que se fera une prise de conscience massive et partagée. Cette réalisation de l'égalité est la condition de la libération des consciences. Elle est aussi la seule cause qui permettrait un progrès général de l'humanité.

24.

Le goût de vivre

Je me souviens d'un dimanche après-midi d'hiver dans un hôpital à Ivry où Françoise était en convalescence. Tout était horrible ce jour-là : la lumière, les nouvelles politiques avec la montée persistante de l'extrême droite, de plus en légitimée par une partie de nos concitoyens, le vent glacial, l'accueil peu aimable (et c'est un euphémisme) du gardien à l'entrée. Au bout d'un dédale de couloirs, j'arrive dans une salle commune. Au milieu, abrité (un peu) des regards par des draps tendus de chaque côté, le lit de Françoise. Elle ne comprend pas mon air désolé ni mes questions sur sa vie quotidienne. Ravie, elle est ravie d'être là. « Le personnel soignant est adorable, deux de mes voisines sont devenues des copines et la nourriture est bonne. Me plaindre moi ? Mais de quoi ? »

« Le mal de vivre », c'est une chanson de Barbara que nous chantions toutes les deux lors de nos pique-niques improvisés dans son appartement du XXe arrondissement de Paris, surtout les derniers couplets quand la joie arrive. Françoise savait chanter. Françoise aurait pu être chanteuse. Je la vois bien sur une scène illuminée par des projecteurs, en train de séduire son auditoire par des chansons, y compris grivoises, du répertoire des années 1920 qu'elle connaissait par cœur.

Joie de parler avec des mots précis. Joie de les choisir, de les assembler, d'en inventer. Françoise possède un vocabulaire gouleyant et aime utiliser des termes du monde paysan, appris pendant l'enfance. Elle se souvenait encore du bonheur qu'elle avait ressenti lorsqu'elle avait commencé à parler. Découvrir certains mots lui donnait le même plaisir que de goûter des confitures et sucer des bonbons. Françoise passe des heures à ouvrir des dictionnaires à n'importe quelle page et à apprendre les étymologies. Elle danse avec les mots et en invente quelquefois, sa fille Catherine aussi. N'ont-elles pas eu comme projet de concevoir leur propre dictionnaire ?

Catherine la bien-aimée, Catherine à qui elle dédie ses livres, Catherine qui admire sa mère et la soutient. Catherine qui travaille avec sa mère à la préparation des manuscrits grâce à la complicité d'Odile Jacob, qui a toujours perçu entre la mère et la fille un lien profond, une grande connivence, un amour réciproque. Catherine dépend de plus en plus de sa mère et éprouve des difficultés à s'émanciper de sa « tutelle ». Catherine, l'enfant surdouée qui forçait l'admiration de ses copines de lycée tant elle était rapide, intelligente, drôle. Marina, son amie, raconte l'entrain, l'inventivité, les facéties de Catherine dans la bande de filles inséparables qu'elles formèrent au lycée pendant plusieurs années. Puis c'est le drame : la meilleure amie de Catherine fait une tentative de suicide. La bande se dissout. Catherine, l'intellectuelle du groupe, promise à un bel avenir universitaire, commence à douter de ses capacités et hésite. Elle cherche son chemin, quitte la faculté, enchaîne les petits boulots. Catherine la différente, Catherine qui impressionne ses cousines, Catherine avec son aplomb, son assurance, plus feints que réels. Catherine dont l'instabilité psychique préoccupe de plus en plus Françoise qui, entre deux hospitalisations, essaie de remonter le moral de sa fille, alors qu'elle-même aurait eu besoin de réconfort.

Françoise, je l'ai dit, ne se plaint jamais de ce que la maladie lui fait endurer et traverser. Non seulement elle l'accepte, mais elle en tire une philosophie. Françoise s'enchante d'un rien : le rouge d'un géranium sur son balcon, une fleur d'orchidée qui s'ouvre, le rayon de soleil qui se pose dans sa kitchenette, une conversation complice avec son chat siamois.

Elle continue à être très sollicitée et accepte les conférences, mais de moins en moins les voyages lointains, que pourtant elle adorait. Elle se rend chaque semaine au Collège de France, écrit des articles, participe à des colloques, aide des jeunes chercheurs à terminer leur thèse, va écouter du jazz et ne peut se passer d'aller au cinéma. Se retrouver dans le noir d'une salle avec elle relève d'un sport particulier. Il faut avoir le bras solide pour qu'elle puisse s'y accrocher, car, telle une enfant, elle adore le suspense et aime se faire peur. Incollable sur le western, elle ne dédaigne pas non plus le genre lacrymal, comme *Autant en emporte le vent*, et adore la série britannique, adaptée d'Agatha Christie, *Poirot* (70 épisodes, fait-elle remarquer, une manière de vivre en concubinage avec le personnage pendant un certain temps). Sentimentale et cinéphile à la fois, elle aime revoir *ad libitum* ses films fétiches : *Peau d'âne*, dont elle connaît les chansons par cœur (sa préférée étant « Conseils de la fée des lilas », avec la sublime Delphine Seyrig), et *Out of Africa*. Elle a la larme à l'œil quand Meryl Streep comprend qu'elle tombe amoureuse de Robert Redford, et a du mal à ne pas sortir son mouchoir à la fin.

À la demande de sa fille, elle a déménagé de l'appartement qu'elle adorait, au-dessus de la gare Montparnasse, pour se rapprocher d'elle. Catherine vit à Montreuil avec son amoureux et Françoise élit domicile dans le XXe arrondissement, dans un appartement baigné de soleil où elle fait installer ses bibliothèques et un fauteuil médicalisé qui lui permet de naviguer tôt le matin ou la nuit sans solliciter l'aide de sa précieuse auxiliaire de vie, l'adorable Samia.

Rétrospectivement, je comprends qu'elle commence alors à classer, à mettre en ordre, à faire le ménage. Elle donne tous ses textes écrits aux Archives nationales et a la chance de tomber sur un archiviste, Yann Potin, qui deviendra son ami. Il faut savoir que Françoise garde tout : la moindre recette de cuisine, chaque carte postale, les transcriptions de toutes les conversations qu'elle a pu avoir sur le terrain en Afrique, les agendas, les invitations, les correspondances. Classe-t-elle pour être au clair avec elle-même ? Dans *Penser/*

Classer, Georges Perec écrit: « Que me demande-t-on au juste ? Si je pense avant de classer ? Si je classe avant de penser ? Comment je classe ce que je pense ? Comment je pense quand je veux classer ? »

Peu importe, au fond, répond Perec. Ce qui se passe dans cette opération mentale est une tentative assez désespérée d'ordonnancement du monde. Pour Françoise, c'est aussi une manière de faire le point, comme on dit en photographie, sur son passé de chercheuse. Elle va ainsi se rendre compte qu'une grande masse de ses observations de terrain lors de ses premières missions en Afrique n'a pu être exploitée ni théorisée. Dans le but de mettre en lumière ces pans inexplorés, elle acceptera de se livrer à un exercice qu'elle n'aime guère: parler d'elle. Cela la conduira, à l'initiative de Salvatore D'Onofrio, à se livrer à une forme d'autobiographie intellectuelle.

Avec *Une pensée en mouvement*, on est loin de la confession intimiste, mais on commence à percevoir, dans la voix de Françoise, la joie de lâcher prise, loin du ton requis par l'exercice universitaire, et le bonheur de partager ce que la vie lui a offert et lui offre encore. Le livre, regroupant des entretiens avec des amis anthropologues, est dédié à Catherine, « ma fille très aimée ». Elle en est peut-être d'ailleurs, secrètement, l'unique destinataire. Françoise y raconte son enfance, l'importance du milieu paysan, son rapport, très jeune, avec la nature, le plaisir pris à cueillir des plantes, à savoir les choisir pour en faire des salades ou des infusions, à connaître le nom des arbres, à se sentir, avec force et intensité, faire partie du monde vivant – sentiment qui l'habite depuis sa plus petite enfance et qui explique bien des traits de son caractère. Françoise a eu conscience du prix de l'existence très jeune et éprouve au plus profond d'elle-même la joie secrète de vivre, et ce d'autant plus qu'elle sait ses jours comptés. Elle jouit de chaque instant, le savoure et habite le présent malgré le souci qu'elle se fait pour sa fille. Françoise s'inquiète d'une mélancolie sourde et constante qui affecte le caractère de Catherine, la rendant d'humeur instable, ce qui l'empêche, *de facto*, de s'inscrire durablement dans le monde du travail. Françoise demandera alors à son éditrice, Odile Jacob, d'employer sa fille pour l'aider à la mise au point de ses livres. Catherine fera merveille et n'aura de cesse non seulement que de contenter sa mère, mais aussi que de se faire aimer et respecter de ses collègues pour l'excellence de son travail et sa gentillesse. Ce n'est qu'un court répit. Quelle fille peut réellement s'épanouir dans l'ombre de sa mère, si aimante soit-elle ? Sur son site Internet, qu'on peut encore consulter alors qu'elle est morte depuis un an, Catherine a mis de nombreuses photos de Françoise, ce qui témoigne de l'admiration qu'elle lui portait, mais on peut aussi interpréter cela comme un signe d'enfermement dans une relation asphyxiante. Dans son enfance, Françoise devait, du fait de l'éducation qu'elle avait reçue, remercier ses ancêtres de l'avoir faite telle qu'elle était. Il lui était aussi interdit de s'apitoyer sur elle-même : on ne doit ses échecs qu'à soi-même, lui ont seriné ses parents. Françoise n'a pas transmis la même éducation à sa fille, elle l'a élevée dans la liberté et vite considérée comme une sorte de petite sœur plutôt que comme sa fille. L'agilité intellectuelle de Catherine, sa conversation pleine d'esprit et son désir de faire partie très tôt du monde adulte ont accéléré son autonomie intellectuelle, mais pas forcément affective. Mais elle ne trouve pas sa place auprès de Françoise. Elle lui en demande trop, se plaint d'avoir été « abandonnée » par une mère qui lui a préféré sa carrière. Reproches absurdes, mais qui blessent au plus profond. Plus elle avance dans la vie, plus Françoise est reconnue. Catherine en est fière et, en même temps, un peu jalouse. Françoise réussit-elle trop bien pour que sa fille puisse conquérir sa place dans le monde, d'autant que son père, remarié, a coupé progressivement les ponts avec elle ? Catherine a même souhaité ne plus porter le nom de son père, mais seulement celui de sa mère, qui l'en a dissuadée. Françoise se vit comme une « mauvaise mère », qui ne sait jamais comment faire avec sa fille et se sent toujours « à côté de la plaque », comme elle le dit. Je la console en lui disant qu'elle exagère et que le métier de mère est le plus difficile qui soit. Elle me parle alors de ses difficultés à se sentir à l'aise et me dit éprouver toujours de la culpabilité vis-à-vis d'elle ; elle se demande si cela vient des mauvaises relations qu'elle a eues, enfant, avec sa mère.

Mère froide, en tout cas avec elle, peu encline aux câlins lorsque Françoise était petite, à la conversation lorsqu'elle était adolescente. Mère avec qui elle a dû rompre violemment pour se sentir exister. Mère contre qui elle s'est construite et qui, malgré son parcours, n'a jamais « reconnu » sa fille ni voulu comprendre qui elle était. Françoise avoue qu'elle a souffert de n'avoir eu avec ses parents aucune discussion intellectuelle. Jamais. Elle a pourtant toujours tenté de leur expliquer ce qu'elle faisait et la passion qui l'animait. Dans les archives que j'ai consultées, les lettres qu'elle leur envoie régulièrement d'Afrique montrent, s'il en était besoin, qu'elle désire partager avec eux ce qu'elle vit. Jamais ni le père ni la mère n'ont lu aucun texte de Françoise. Sa mère lui a dit un jour : « J'ai la tête dure. Je ne comprends pas bien ce que tu fais. » Le père, lors du pot d'entrée de Françoise au Collège de France, a dit à plusieurs personnes qu'il aurait préféré que ce soit son fils qu'on élise, parce que « lui, au moins, il est ingénieur ».

Dans la vie, il faut avoir de l'imagination. Ce qui vous arrive vraiment, c'est lorsque vous sautez dans l'inconnu, me répétait-elle souvent. Ses parents, doués d'une grande intelligence, n'ont cependant jamais voulu ou souhaité autre chose que ce qu'ils avaient déjà, ce qu'ils savaient déjà. Elle, c'est le contraire. Elle a passé sa vie à découvrir, quitte à prendre trop de risques. Elle a foncé, quitte à s'épuiser. Elle suit son désir, attrape toujours ce qui vient, ne s'avoue jamais vaincue, est dotée d'un optimisme qui résiste à toutes les épreuves et qui me fait pâlir de jalousie. Quand je viens la voir, durant ces années-là, soit à la Salpêtrière, soit dans des maisons de convalescence, soit chez elle, j'en ressors ragaillardie, forte, beaucoup plus forte qu'avant, tant son courage, son goût de vivre, sa détermination à continuer à travailler, son obstination à tout le temps prendre le meilleur de la vie m'inspirent et me font réfléchir. Et pourtant Françoise ne se vit pas comme un modèle. Loin d'elle l'idée de donner des leçons sur l'existence : elle n'est pas du genre manuel de développement personnel. Mais sa capacité à apprendre à tout moment, la fraîcheur de son étonnement, son regard émerveillé lui permettent d'avoir une expérience intime de son prochain, que ce prochain soit son facteur ou un habitant d'un village samo au Burkina Faso. On est chez soi partout dès lors qu'on s'intéresse aux autres.

Françoise abandonne de plus en plus les démonstrations strictement anthropologiques face aux mystères de l'existant. Elle reste toutefois, fondamentalement, une chercheuse d'absolu en quête des clefs de compréhension de notre vivre-ensemble. Elle affirme que le monde est partout régi par les mêmes lois et les mêmes formes élémentaires du raisonnement. Françoise entend démontrer qu'il existe les mêmes structures dans toutes les sociétés, alors même que les contenus diffèrent. Plus elle avance dans ses théories, plus elle cherche l'origine des choses. Non plus le comment, mais le pourquoi. Férue de préhistoire, experte et amoureuse de l'œuvre de Sigmund Freud, elle s'enhardit à entrelacer anthropologie, psychanalyse, préhistoire pour dessiner la carte des chaînes de concepts associés qui régissent toutes les sociétés, depuis l'aube de l'humanité.

Sa retraite est hyperactive. Elle accompagne ses étudiants, va à des conférences, dévore des livres dans des domaines divers, suit l'actualité, défend la cause féministe. Françoise travaille tout le temps et quelles que soient les circonstances, sauf quand elle quitte Paris pour aller en Bretagne, dans son royaume de Bodélio, où elle invite ses amis. « Mon petit paradis », c'est ainsi qu'elle l'appelle. Achetée sur un coup de cœur avec Marc, qui est originaire de la région, et retapée progressivement, cette maison de campagne demeure, malgré la séparation, son havre de paix, l'endroit où elle se sent le mieux et où elle peut, dans tous les sens de l'expression, cultiver son jardin. Les copains débarquent à Pâques et durant l'été. Elle a imaginé et dessiné ce domaine qu'elle entretient avec délicatesse et passion. À Bodélio, elle aime marcher et aller jusqu'à la mer par le sentier des douaniers. À Bodelio, elle aime lire et relire ses vieux polars préférés. À Bodélio, elle aime faire la cuisine – des plats classiques qui mitonnent longtemps, précédés d'un apéro sur la terrasse au milieu des oiseaux. À Bodélio, elle aime les longues soirées où on joue aux cartes, boit du cognac, refait le monde et où on court après les chats, pour qu'ils ne se battent pas avec ceux du voisinage ; elle aime aller de temps en temps d'un coup de voiture à Doëlan, y marcher sur la jetée, admirer le port à marée basse. À Bodélio, le temps file à toute vitesse. À Bodélio, elle recueille l'eau de pluie pour se rincer les cheveux. À Bodélio, elle s'installe en fin de journée sur sa terrasse, avec un verre de whisky, pour observer le lent déclin de la lumière des après-midis d'été interminables, en compagnie de sa fille et du nouveau petit ami de cette dernière, Francis, avec qui elle s'entend à merveille et qui la fait parler des nuits entières de son amour pour l'Afrique.

13 janvier 2006, fin d'après-midi : Francis Wayser, le compagnon de Catherine, poète et musicien, quitte pour deux

heures son amoureuse, avec qui il habite à Montreuil, pour aller chercher le courrier dans l'appartement qu'il possède dans le XIXe arrondissement. Il ne reviendra jamais. Francis a été sauvagement assassiné, à l'âge de quarante-sept ans, par un de ses voisins, sans aucune raison. Catherine apprendra le drame par la police. Son avocate a raconté le courage, la dignité qu'elle a montrés alors et la force morale dont elle a dû faire preuve pour assister au procès. Françoise, ce jour-là, a témoigné pour Francis et, avec des mots simples et poignants, a décrit sa douceur, la manière dont il rendait sa fille heureuse et la profondeur de la relation qu'elle avait nouée avec lui. L'assassin, lui, n'a pas pu fournir d'explication. L'enquête a permis de savoir qu'il battait sa femme et qu'il était alcoolisé au moment des faits. Lors du procès, il dira ne se souvenir de rien. Il est jugé dément par le tribunal.

Catherine demandera de l'aide à sa mère, qui sera présente tout le temps à ses côtés, désemparée et impuissante. Les mois puis les années qui suivront seront douloureux pour Catherine, qui aura beaucoup de mal à vivre seule. Elle évoque souvent le suicide. Sa mère vit dans la terreur qu'elle ne mette sa menace à exécution. Catherine survit à sa tentative de suicide en 2014, et les médecins demandent alors à Françoise de la faire hospitaliser. Elle est hébergée dans différentes institutions, où elle ne se sent pas bien. Elle prend des traitements, qui ne lui apportent ni calme ni réconfort. Françoise lui rend visite chaque jour et constate la gravité des effets des médicaments sur sa fille. Françoise est au désespoir et n'ose pas parler de la situation à ses amies. Se sent-elle responsable ? Catherine demande la présence constante de sa mère, qui devient le souffre-douleur de sa fille et continue à garder le silence. Un soir, Catherine rentre chez elle, après un dîner chez une amie psychiatre, décroche le téléphone, appelle cette amie et lui demande de l'aide. Dans les jours qui suivent, elle sera hébergée dans une institution de la banlieue parisienne, où elle vivra dorénavant aimée et respectée par les malades comme par le personnel soignant.

Françoise dédiera *Au gré des jours*, qui sera son dernier ouvrage, à « ma fille bien-aimée, Catherine Izard-Héritier, et à la mémoire de Francis Wayser, trop tôt disparu ».

La souffrance de sa fille endeuille ses nuits et ses jours. Catherine n'a pas envie de continuer à vivre. Françoise avoue souvent son incapacité – qui la faisait horriblement souffrir – à porter secours à sa fille, qui la rejette de plus en plus, tout en exigeant d'elle une présence quasi constante. Le supplice.

Elle continue à faire bonne figure et à assumer son rôle public, médiatique et intellectuel, de plus en plus reconnu en France et à l'étranger. Elle accepte avec plaisir la proposition d'une de ses grandes amies, la réalisatrice Teri Wehn-Damisch, de faire un portrait d'elle pour la prestigieuse collection documentaire *Empreintes*. Le premier plan de ce merveilleux film la montre souriante, assise dans le bus qui la ramène chez elle depuis le Collège de France. De son passé elle ne parle guère, préférant se projeter dans l'avenir : intellectuelle engagée dans la cité, elle ne cache ni son féminisme ni son combat contre les idées réactionnaires d'une droite qu'elle juge conservatrice et néolibérale. Elle évoque la genèse de ses travaux en sachant rester pédagogue et avoue qu'elle doit tout à l'Afrique, qu'elle aime d'un amour qui demeure entier et inentamé. Elle souhaiterait tant y retourner. Avec les amis du village, elle continue de converser par courrier et a régulièrement des nouvelles des enfants dont elle s'est occupée. Jusqu'à son dernier souffle, elle ne coupera pas le lien quasi ombilical qu'elle a avec les Samo. Des regrets ? Non : comme dans le refrain d'Édith Piaf, dont elle connaît toutes les chansons par cœur, elle ne regrette rien, si ce n'est, peut-être, la vente de Bodélio, qu'elle ne peut plus entretenir seule, depuis le divorce d'avec Marc. Avec sa grâce habituelle et son sourire craquant, elle montre une dernière fois à Teri son jardin, sa bibliothèque puis, au milieu des arbres en bourgeons, elle clame encore son amour de la vie et sa croyance en l'avenir, nous offrant ainsi une leçon de profondeur et de modestie.

Quand Gilberte Tsaï, prenant exemple sur Walter Benjamin, qui, au début des années 1930, faisait des causeries pour les enfants, propose à Françoise de parler du rapport entre les sexes à des enfants de dix ans, elle accepte immédiatement.

« Vous êtes des filles et des garçons et vous allez devenir des adultes, des hommes et des femmes ; vous allez grandir, vieillir et nous ne pouvons pas prédire comment chaque individu va évoluer [...]. Cependant, alors que chacun d'entre nous croit créer orgueilleusement ses propres choix, sa propre manière de voir, il n'en est rien. » Les dés sont jetés, la conversation peut s'engager. On ne choisit pas son destin. Nous sommes tous façonnés par des modèles sociaux et psychiques qui reproduisent des stéréotypes, dont le principal est celui de la domination masculine.

Voir cette femme, du haut de ses soixante-quinze ans, parler, avec autant de passion et de respect, à ces bouts de chou de l'égalité entre les sexes était bouleversant. Cela a peut-être laissé des traces chez certaines et certains enfants de Montreuil. Françoise continuera le combat contre la domination masculine dans tous les cénacles, y compris scientifiques, et s'appuiera sur tous les travaux, en neurobiologie comme en préhistoire, pour marteler que l'inégalité entre les sexes n'est pas d'ordre biologique mais idéologique et qu'elle est le fruit d'un rapport de forces. Des inégalités, il en existe de toutes sortes dans le monde, mais l'infériorité des femmes subsume toutes les autres, et c'est cet ordre hiérarchique qu'il faut combattre par tous les moyens.

À quand l'égalité ? Peut-être dans deux ou trois générations, si on est optimiste, tant les structures de l'oppression sont profondément inscrites dans le fonctionnement de nos sociétés, et tant nous y adhérons sans même le savoir.

Réformiste, pragmatique, plus qu'utopiste et révolutionnaire, Françoise voit le féminisme comme une course de fond. Le féminisme partout, en toute circonstance et tout le temps. La contraception, quant à elle, constitue une révolution qui rend les femmes maîtresses de leur propre destin, actrices de leur histoire et qui permettra à long terme une réévaluation positive du sexe féminin. Dans cinquante ou cinq cents ans ? Nul ne le sait. Le combat ne fait que commencer.

25.

Le sel de la vie

Françoise, encore une fois, a failli y passer. Les multiples traitements à prendre dans le cadre de sa maladie auto-immune affaiblissent et déforment son corps, qui est de plus en plus douloureux et méconnaissable. Si on l'interroge sur ce sujet, elle dévie tout de suite la conversation et vous demande comment, vous, vous allez. Douée d'une manière de raisonner scientifique qu'elle applique aussi à son existence, elle sait qu'elle ne peut pas être mieux soignée et s'en remet donc totalement à Jean-Charles Piette et à son service. Elle y sera admise à plusieurs reprises, y compris en pleine nuit, ne préviendra pas le médecin pour ne pas le déranger et se montrera toujours surprise de le voir débarquer, une heure plus tard, dans sa chambre d'hôpital. Françoise, quand elle va aux urgences, fait la queue comme tout le monde, comme si elle était une nouvelle patiente alors qu'elle est devenue, au fil du temps, une résidente quasi permanente de l'hôpital. Elle étudie, en bonne anthropologue, les mœurs de la « Salpé » et me décrit, à chacune de mes visites, comment les territoires sont administrés, les chefferies organisées. Elle songe même à écrire un livre sur l'hôpital, ses performances, mais aussi ses défaillances. Lors d'un de ses séjours, un brancardier l'a transportée si violemment dans un autre service pour un examen qu'elle a dû rester six mois de plus. Pas une plainte. Pas de résignation non plus, mais une forme de patience qu'elle a développée avec sa maladie pour en souffrir le moins possible. La cortisone et l'insuline doivent avoir continué leurs ravages, me dit-elle, en me confiant que, désormais, elle ne se regarde plus dans la glace. Je lui réponds que je m'accroche à son regard toujours aussi intense, à son sourire merveilleux et à sa voix si mélodieuse. Elle rigole. « Du moment que j'ai encore toute ma tête, le reste peut bien foutre le camp », répète-t-elle. Les amis savent ce qu'il faut lui apporter pour lui faire plaisir : des fraises et des framboises et surtout des polars, mais des bons, et qu'elle n'a pas encore lus… Exercice périlleux tant elle a une connaissance encyclopédique du genre. Et puis souvent, au début de l'été, on l'autorise à sortir, comme si elle était en permission. Permission ou rémission ? Elle n'ose pas demander.

Elle rejoint avec délices son appartement parisien. Grâce à son fauteuil électrique, elle peut économiser les gestes et les déplacements de ce corps qui la lâche de plus en plus. De toute façon, jamais elle ne se lamente sur son sort. Question d'éducation sans doute, mais aussi de philosophie de la vie, celle qu'elle s'est forgée au fil des ans. Elle commence à rédiger, sans savoir où elle va vraiment, au fil de la plume, une longue lettre destinée à son cher docteur Piette. Elle y évoque la force de leur amitié, la vie qui va, brinquebalante, son sentiment d'être cabossée de partout et pourtant de jouir, vaille que vaille, des menus plaisirs de l'existence. Elle parle tout simplement de la joie de vivre quand on s'aperçoit justement qu'on est (encore) vivant. *Still alive.* Encore assez pour entrevoir le bleu du ciel entre les nuages, encore assez pour se souvenir de sensations de l'enfance, comme de l'odeur du lait de chèvre après la traite, de la douceur de ses mains trempées dans la mousse du savon au lavoir municipal, où elle allait une fois par semaine avec ses tantes. Elle qui ne peut plus bouger convoque ses meilleurs souvenirs : la lumière au Burkina Faso qui tombe d'un coup et qui transforme la savane en tableau de Rothko jaune ocre, avant que les contours du paysage ne s'estompent définitivement et sombrent dans le bleu noir de la nuit, le goût de l'expresso un matin à la terrasse d'un café sur une petite place de Florence après une nuit d'amour, les larmes qui viennent aux yeux quand elle entend, par hasard, en ouvrant le transistor, l'air de *Là ci darem la mano* de *Don Giovanni*, le premier opéra qu'elle a entendu et qu'elle connaît par cœur, son étonnement lorsqu'elle réalise qu'elle sait conduire une conversation complice avec son chat siamois, si complice que son amoureux du moment, jaloux, interrompt le tête-à-tête.

Plus elle écrit, plus les idées viennent, plus elle les couche sur le papier, assez interloquée elle-même par sa faconde imaginative et son sens des associations. Elle se pique au jeu, lâche prise, se met en roue libre, devient, au fil des pages, une sorte de porte-parole sensuelle de nous toutes, de nous tous. Chacune, chacun peut se reconnaître en elle. Nous devenons comme Françoise, nous avons été et nous serons comme Françoise. Nous muons en Françoise. Nous aussi nous sommes détentrices, détenteurs, du sel de la vie.

Elle nous convie au banquet de l'existence. Et justement, c'est bien de cela qu'il s'agit dans ce livre qui deviendra un best-seller. S'étonner soi-même, se faire confiance, plonger à l'intérieur de soi pour chercher ses trésors. Non, *Le Sel de la vie* n'est pas un manuel de développement personnel. Il en est même le contraire. Il ne donne pas de recettes. Vivre sa vie, ce n'est pas résoudre une succession d'énigmes, mais être dans une recherche permanente. *Le Sel de la vie*, c'est un poème en prose, un réenchantement du quotidien, un éloge du banal, un corps-à-corps avec soi-même. C'est aussi un exercice de haute voltige qui consiste à laisser tout venir à soi dans le flux des sensations et des perceptions qui nous habitent depuis la naissance et à en extraire celles qui subsistent dans notre être le plus profond. On peut prendre le texte à n'importe quelle page, ça coule de source, ça s'écoule, ça vous parle, ça vous enchante, à tel point que vous essayez de l'apprendre par cœur. Charme absolu du vrac et du fragmentaire. Absence de poses. Addiction. On lit, on relit, on en redemande. On n'est jamais rassasié.

« … maîtriser sa paresse et sa peur du changement, prendre une petite bière à une terrasse par une belle fin d'après-midi et se trouver une petite faim, frissonner légèrement à la tombée du soir, être imperméable à la perfidie de certains propos, passer inaperçu quand les coqs font recette, ne pas trouver beau M. Muscles et ses tablettes de chocolat [...], se taire et ne parler qu'à bon escient, ne pas se croire obligé de faire comme tout le monde, se demander si l'on apprécierait la vie monacale, être curieux de tout, avoir les yeux ouverts... »

Françoise avait aimé les *Notes de chevet* de Sei Shônagon – un classique japonais du XIe siècle – et avait, avec délices, lu et relu les *Lettres* de Madame de Sévigné. Elle avait bien sûr aimé et admiré *Je me souviens* de Georges Perec, publié en 1978. Elle aime tout Perec, mais particulièrement ce texte, série d'exercices de mémoire commençant tous – sauf un – par « Je me souviens », ce qui permet la reviviscence de gestes, d'attitudes, de noms arrachés, un court moment, à leur insignifiance. Contrairement à Perec, Françoise n'utilise pas le fragment mais le flux de conscience. Elle se réclame du sensualisme de Condillac et cite Proust et sa madeleine. Elle opère comme un poisson pilote qui se fraie un chemin dans l'eau trouble de ses émotions, qui peuvent alors affleurer à la surface. Trouver ce qui nous touche vraiment dans le grand vibrato du monde. Revendiquer le chuchoté, le murmuré, plutôt que le parler fort, ressentir de la fierté à se montrer fidèle à ses idées, à ses amours, à ses amis. *Le Sel de la vie* est une méditation, une invitation aussi à savoir faire corps avec le réel, une ode au trésor que nous possédons tous et que personne ne pourra nous enlever : le fait même de vivre.

Le Sel de la vie est aussi une façon de se rassurer, une preuve supplémentaire qu'elle se donne à elle-même : elle est encore vivante. Vivante parmi les vivants.

« Ce livre plaide pour que nous sachions reconnaître non pas simplement une petite part ingénue d'enfance, mais ce grand terreau d'affects qui nous forge et continue sans cesse de nous forger, êtres sensibles que nous sommes. Pour que nous ne soyons pas seulement obnubilés par des buts à atteindre – des carrières à faire, des entreprises à commencer, des rentabilités à assurer – en perdant de vue le “je” qui est en lice. »

Le Sel de la vie ou la leçon de désencombrement. *Le Sel de la vie* ou savoir comment aller à l'essentiel. S'alléger au maximum pour pouvoir encore respirer.

26.

Intellectuelle engagée

« Je peux, me semble-t-il, passer plusieurs heures avant de m'endormir un livre à la main mais que j'oublie de lire, à écouter dans mon oreille droite, le bruit sourd et rassurant, bien que non réglé, de mes pulsations cardiaques. Il est là, il ne cesse pas, s'interrompant parfois pour reprendre comme à grand-peine, à regret. Mais il revient, fidèle au poste. »

Françoise pactise de plus en plus avec sa maladie et cela lui permet de ne pas trop y penser. « Sois sage, ô ma Douleur, et tiens-toi plus tranquille. » Elle n'a presque plus de souffle mais en garde pour converser avec ses amis. Telle une princesse, elle vous reçoit chez elle, maquillée et vêtue d'une robe chamarrée, autour d'un café et de petits gâteaux. Avant, c'était la belle vie, on allait ensemble au bistrot d'à côté, où elle était aimée et admirée. Maintenant, c'est le pâté de tête et l'andouillette que je vais chercher chez un bon charcutier et que nous dévorons dans sa petite cuisine en faisant les pipelettes. Françoise a un bon coup de fourchette, et beaucoup de verve pour commenter l'actualité politique. Elle soutient le projet de loi sur le mariage pour tous et s'indigne des réactions de la Manif Pour Tous, qui réussit à fédérer une partie de la population autour de la tradition. Le mariage n'a rien de sacré, répète-t-elle. Les manifs de protestation, qui prennent une certaine ampleur, l'inquiètent et la révulsent ; le slogan répété dans les cortèges, « un papa, une maman », est bêtasson, dit-elle. Bêtasson et faux. C'est oublier la réalité. Dans notre société, tous les enfants n'ont pas forcément un père et une mère, et ils s'en accommodent très bien, la plupart du temps. Il a toujours existé des enfants non reconnus et qu'on appelait, par le passé, bâtards. Il y a toujours eu des filles mères, qui élevaient leurs enfants seules et que frappait l'opprobre. Les détracteurs de la loi sur le mariage pour tous semblent oublier qu'ont toujours existé des formes d'unions hors du modèle du mariage qui, pendant très longtemps, unissait deux familles et non deux individus, comme il le fait maintenant qu'il est fondé sur le libre choix et l'amour. D'autre part, ils en réfèrent, au nom de la religion, à l'idée d'une certaine *nature* des choses, qui serait celle que Dieu a voulue. Est-ce Dieu qui a créé l'ordre social ou sont-ce les hommes ? Les normes sociales ne sont pas de nature. Le mariage des homosexuels obéit à la nouvelle donne de l'amour, à laquelle s'ajoute l'exigence d'égalité entre les citoyens.

Françoise a toujours eu le cœur à gauche et l'a toujours revendiqué, depuis l'accession au pouvoir de François Mitterrand. Mais elle se montre de plus en plus déçue par le discours de la gauche, ses actions, son manque de radicalité et un certain embourgeoisement de ses idées. Elle suit, avec un esprit assez critique et un certain scepticisme, la transformation du parti socialiste en parti de démocratie libérale et désapprouve les déclarations du premier secrétaire, François Hollande, dont elle stigmatise le manque de combativité et l'absence de courage dans la lutte contre les inégalités sociales. Elle l'apostrophe publiquement lors d'un colloque en 2001 : elle s'étonne qu'il ne s'engage pas plus frontalement pour les droits des femmes, clef de voûte et condition de la survie de notre démocratie, et l'invite à se préoccuper des plus faibles. Elle l'exhorte à ne pas accepter comme inéluctable la mondialisation technique, économique, financière : « Ne sommes-nous pas là dans une situation où l'État doit démocratiquement et politiquement agir, nonobstant les pressions de l'économie internationale et du libéralisme souverain qui écrasent les plus faibles ? »

Françoise devient de plus en plus combative et se montre toujours plus critique : du socialisme, elle attend non la révolution, mais des réformes profondes, la prise en charge des problèmes du peuple, qu'on dédaigne de plus en plus, y compris à l'intérieur du parti socialiste. Condamnant la faiblesse des moyens d'action des gouvernements successifs, elle s'inquiète de la pauvreté des idées de la sphère politique et de sa perte de pouvoir de décision, affolée qu'elle est devant la complexité des problèmes sociaux, que les politiciens sont incapables de prendre en charge. Toujours en première ligne quand il s'agit de défendre la cause des femmes, des homosexuels et des plus fragiles, Françoise accepte de donner des entretiens dans les grands médias où elle porte un message fort et engagé. Elle devient ainsi, petit à petit, une sorte de porte-parole d'une gauche non institutionnelle. Plus tard, au moment de la primaire socialiste, elle fera partie de l'équipe de campagne de Martine Aubry, où elle sera chargée de la question des droits des femmes avec Caroline De Haas. Elle signera un appel public pour que les socialistes choisissent, pour la présidentielle, la maire de Lille, qui possède, selon elle, des « atouts d'expérience et de compétence qui feront d'elle une présidente de la République à la hauteur ».

Depuis qu'elle a pris sa retraite du Collège de France, Françoise est sollicitée à la fois en France et à l'étranger sur de multiples questions, tant politiques que sociétales. Elle dit en riant : « Je deviens contre mon gré Madame-la-spécialiste-de-tout et une sorte de Madame Soleil. » S'essayer à prévoir l'avenir ne lui déplaît pas. Elle a d'ailleurs beaucoup de respect pour les cartomanciennes et écoutait régulièrement les émissions de la célèbre astrologue. Elle adore parler, argumenter, recevoir. Elle a besoin des bruits du monde et n'aime pas la solitude, qui l'écrase. Elle est devenue incontestablement une « femme de pouvoir » et s'en inquiète auprès de moi, en riant : « Ai-je l'autorité intellectuelle pour endosser ce rôle ? Pourquoi j'accepte de parler de tout et de n'importe quoi ? » On vient la voir avec des caméras et des micros – et moi aussi je participe à cet engouement médiatique –, parce qu'elle dit toujours des choses originales et argumentées. Ayant chassé définitivement sa timidité naturelle, elle s'exprime avec simplicité et clarté, en expliquant rigoureusement ses propos sur des sujets complexes. Et puis elle dit ce qu'elle pense, et cette sincérité s'entend.

Françoise garde toujours cette petite voix intérieure qui la taraude et la pousse à se demander si elle est vraiment à la hauteur. Le lendemain d'une émission à la télévision où elle avait été sincèrement bouleversante, je l'appelai pour la remercier et, très sérieusement, elle me dit : « Tu sais, oser prendre la parole représente un énorme progrès sur moi, mais j'ai toujours cette stupeur intérieure de voir que les gens m'écoutent et même qu'ils ont l'air de m'écouter vraiment. »

27.

La force de l'amitié

27 mars 2015. Ma directrice de thèse, devenue une amie au fil du temps, m'a demandé d'être son témoin, non pas de mariage mais « de décoration », quand elle s'est vu remettre le grade d'officier de la Légion d'honneur. Michelle Perrot, appliquant la consigne de Churchill : « Une décoration ça ne se demande pas, ça ne se refuse pas et ça ne se porte pas », n'a pas souhaité faire de cérémonie publique pour ce qu'elle considère comme un non-événement, mais elle a sollicité Françoise pour lui remettre sa décoration. Le protocole veut qu'il y ait une tierce personne, le « délégué », pour témoigner que la décoration a bien eu lieu. J'étais très fière d'avoir été choisie et heureuse d'être en compagnie des deux fées qui veillent sur mon existence depuis plus de quarante ans. Pas de postures, pas de fioritures, juste des mots simples, précis, sincères. Un rayon de soleil a illuminé le salon au moment où Michelle et Françoise se sont embrassées. J'avais les larmes aux yeux. On a trinqué et puis on a refait le monde dans sa cuisine.

Salpêtrière, décembre 2021 : le docteur Piette me le confirme, les dernières années de Françoise furent difficiles et douloureuses. Plusieurs alertes sérieuses eurent lieu. Il fut, pendant un temps, difficile d'aller la voir, puis elle réémergeait, vous fixait rendez-vous, à l'hôpital ou chez elle, et tout redevenait comme avant.

Dès qu'une éclaircie surgissait, Françoise reprenait la plume : après avoir, dans son opuscule *Le Goût des mots*, satisfait à sa passion pour les mots savoureux, biscornus, les patois, le jeu permanent entre les niveaux de langage, elle avait pris l'habitude, depuis *Le Sel de la vie*, qui lui avait valu de recevoir un courrier abondant, de griffonner sur des pages libres des réflexions, des souvenirs, des images et des idées qui venaient à la surface de sa conscience sans raison apparente. En fait, tout se passait comme si *Le Sel de la vie* n'était pas terminé. Quand elle ne lisait pas, elle écrivait. Elle se surprenait à écrire chaque jour. Elle devenait écrivaine presque à son insu.

Mai 2017 : Françoise est de nouveau hospitalisée et sait que son séjour sera long. Elle demande qu'on lui installe la télévision dans sa chambre. Elle se passionne pour la campagne présidentielle, suit toutes les émissions politiques et adore en parler quand je viens lui rendre visite. Mélenchon lui plaît, avec ses qualités d'orateur et son sens aigu de la polémique. Elle lui reconnaît d'immenses talents, mais se méfie de sa vision changeante de la démocratie. Macron ? Elle ne l'a pas vu venir, et ce surgissement dans l'espace politique la fascine. Récupérant progressivement des forces, elle se remet à lire et reprend ses notes. Voulant tout rassembler, elle demande à son frère d'aller chercher dans son appartement la bonne centaine de pages qu'elle a déjà écrites. Elle veut les relire, les mettre en forme et les donner à Odile Jacob qui souhaite en faire un livre. Le suspense dure des semaines : son frère ne les retrouve pas. Françoise pense qu'en rangeant il a dû, par inadvertance, les jeter à la poubelle. Qu'à cela ne tienne. Avec l'aide d'Odile, sa fidèle éditrice et amie, elle reprend tout à zéro. Sa mémoire ne lui fait pas défaut. Les idées s'enchaînent. Le livre est divisé en deux parties : la première, intitulée « De bric et de broc », poursuit *Le Sel de la vie* en égrenant les petits et grands bonheurs, la seconde, nommée « Façonnages », revient sur les rencontres décisives, les moments d'exception et dessine, de manière sensible, une sorte d'autoportrait.

Loin d'être un exercice narcissique, *Au gré des jours* est une tentative de description de la nécessité profonde de nos sensations, appréhendées puis saisies et intégrées dans des circuits émotionnels communs à l'humanité. Que se passe-t-il quand on pratique l'immersion dans cette part de soi si intime qu'on la méconnaît ? De quoi est fait notre « je » et comment arrivons-nous à mettre de l'ordre dans cet assemblage qui nous constitue comme personne ? Comment arrivons-nous à domestiquer cette sorte de chaos qu'est notre identité, multiple, faite de bric et de broc ?

Le texte se lit comme un exercice à la Montaigne mâtiné de Merleau-Ponty. Un pur bonheur de lecture, mais aussi un projet intellectuel d'envergure : essayer de capter ce que nous avons, toutes et tous, en commun au plus profond de nos émotions et de nos sensations. Du Condillac revisité par du post-jungisme. Françoise nous offre sa moisson de bonheurs, sans pour autant cacher les moments de lassitude, voire de désespérance. Pour la première fois, elle aborde son âge, la mémoire qui fout le camp, l'énergie qui diminue, le cerveau qui a de la peine à assembler les idées : « Les mots manquent, le contour des choses s'estompe, tout ce qui était clair s'assombrit. Que sais-je ? Rien, si peu, trop peu, l'écume, la poudre. »

Ce qu'elle a vécu dans l'enfance lui a cependant donné la force d'acquérir une certaine indifférence vis-à-vis de la maladie, une forme de patience qui s'avère très utile lors des longues hospitalisations. Elle a de moins en moins peur du cœur qui flanche en pleine nuit, de ce corps douloureux et du tarissement de cette source vive, toujours renouvelée, de l'étonnement devant l'existence : « Savoir qu'on est en train de vivre son quatre-vingt-quatrième printemps et s'étonner que cela fasse si peu de printemps. » La vieillesse est une lutte contre l'envie d'abdiquer peu à peu au quotidien. Elle sait encore y résister. Françoise l'optimiste. Françoise l'enchanteresse. Françoise la vaillante. Françoise qui veut, contre vents et marées, continuer à vivre.

Françoise la star. Françoise qui vient d'obtenir le prestigieux prix Femina. Françoise la poétesse de la vie. Françoise à qui un chauffeur de taxi, après une discussion ardente pendant toute la course sur les problèmes de société, dit « Vous devez être au moins institutrice, car quand vous dites quelque chose, cela rentre dans la tête ». « Ce *au moins* m'a fait rougir de bonheur », avoue-t-elle. Françoise, qui ne s'aime guère, commence à comprendre qu'on l'apprécie vraiment et qu'elle touche un public de plus en plus large. Françoise fait la une des médias. Tout le monde se la dispute car, quand elle parle, on l'écoute, tant elle respire l'empathie et la bienveillance. Françoise est invitée à la radio par Augustin Trapenard, à qui elle confie qu'elle se vit aujourd'hui comme une insoumise et qu'elle regrette de s'être montrée beaucoup trop « nunuche » dans sa jeunesse. Elle incite les femmes à moins de timidité et plus de prise de risques. Inquiète de l'avenir de l'humanité face à la dégradation bioclimatique, elle ne cache pas sa colère contre les gouvernants, incapables de prendre en charge concrètement et politiquement l'écologie.

À la télé, chez François Busnel, le 9 novembre 2017, soit une semaine avant sa mort, elle apparaît dans son fauteuil roulant, belle et fière, toute pimpante dans son tailleur rouge, et parle abondamment, avec gourmandise, devant un Michel Serres et un Jean-François Zygel conquis, de son amour immodéré pour la recherche du mot juste, de son absence de nostalgie et de sa volonté d'accueillir tous les plaisirs qui l'attendent encore. Françoise la révoltée, qui se qualifie désormais de « conductrice en insoumission ».

À Annick Cojean, du *Monde*, elle confiera, dans un entretien bouleversant, qu'elle aurait dû se révolter plus jeune, plus vite, plus violemment contre tout ce qu'on lui a demandé de faire uniquement parce qu'elle était née fille. Elle réaffirme avec force son soutien au mouvement *#MeToo* : « Je trouve cela formidable. Que la honte change de camp est essentiel. Et que les femmes, au lieu de se terrer en victimes solitaires et désemparées, utilisent le *MeToo* d'Internet pour se signaler et prendre la parole me semble prometteur. C'est ce qui nous a manqué depuis des millénaires : comprendre que nous n'étions pas toutes seules ! » Pour elle, ce chantier est énorme, le chemin sera long et les méthodes devront, pour être efficaces, s'attaquer aux racines de l'inégalité, c'est-à-dire à nos manières de penser et pas seulement de vivre la réalité. Les premières mesures à prendre passent par l'école et l'éducation dès le premier âge. Ne pas reproduire les clichés, élever les nouvelles générations dans une vision de l'égalité femmes-hommes n'est pas si difficile. C'est une question de volonté politique, fondamentale, vitale, nécessaire et urgente.

Françoise ne se situe pas dans le camp des féministes qui refusent la présence des hommes à leurs côtés et affirment que la non-mixité est une condition nécessaire pour la libération des femmes. Elle comprend et accepte que certains hommes veuillent participer à cette libération. Il ne s'agit pas de leur demander leur aide, mais de les associer politiquement à cette émancipation. Elle ne prône pas la guerre des sexes, mais appelle de ses vœux un nouveau mode de relations, qui soient régies par le respect et la considération. Déconstruire l'ordre patriarcal sera long et difficile, mais les femmes sont déjà à l'œuvre.

Françoise a trouvé son public. Elle en est fière et heureuse et passe beaucoup de temps à répondre à l'abondant courrier qu'elle reçoit de toute la France. Son livre commence par cette invitation : « Prenez place, s'il vous plaît. » Oui, ils furent nombreux à avoir trouvé leur place en lisant son texte. Françoise termine ainsi son ouvrage : « Fermez doucement la porte derrière vous. » De quelle porte s'agit-il ? Certains ont voulu y voir une forme d'adieu. Je ne crois pas. Françoise était pleine de projets. Françoise n'était pas, comme on dit, en fin de vie, mais particulièrement en forme. Au cours de la dernière visite que je lui ai rendue – sans savoir évidemment que ce serait la dernière –, je lui ai demandé ce qu'elle voudrait faire si sa maladie ne l'empêchait pas de bouger. Elle m'a répondu en souriant : « Travailler auprès des enfants et essayer de comprendre quand et comment les préjugés entrent dans les têtes pour, ensuite, en tirer les conséquences. Mais je peux peut-être le faire d'ici en invitant les enfants chez moi. »

Elle aimait dire que le fond des choses la passionnait. Elle avouait éprouver un plaisir certain à décortiquer rationnellement toute pensée. Françoise était au seuil de nouvelles aventures intellectuelles. Ça carburait sans cesse, ces derniers temps. La voir et l'écouter était fascinant. Elle croyait, de plus en plus, que ce que nous éprouvons est sans doute plus important que ce que nous pensons. Encore fallait-il le démontrer. Elle voulait s'y atteler.

Françoise a fait aux sciences humaines un legs considérable : la pensée du corps est devenue une banalité désormais, le statut des émotions est à présent légitimé, l'autobiographie, comme point d'ancrage pour la découverte du monde intellectuel et sensible, revendiquée. Elle a mis au point de nouveaux outils pour penser la domination du masculin. Elle a renouvelé les études de la parenté, inventé des concepts. Elle a, par ses observations, jeté une nouvelle lumière sur le mariage, la famille, la société. Par la conjonction de ses combats de féministe et d'anthropologue, elle a donné des outils théoriques à des champs de recherche nouveaux : les violences genrées, les conséquences de la domination masculine, les effets pervers de la symbolique du corps. Elle a analysé les mécanismes de la violence, qu'elle soit sociale, ethnique, sexuelle. Elle a innové du point de vue de la méthodologie et, en ouvrant l'anthropologie au sensible, a formé une nouvelle génération de chercheurs. Elle a éclairé autant le fonctionnement des sociétés occidentales contemporaines que celui des sociétés dites traditionnelles. Son œuvre est ouverte : l'explicite et l'implicite, le symbolique et le réel ne cessent jamais de s'interpénétrer. Elle est aussi facile à lire, tant la volonté de comprendre et de transmettre cette passion était généreuse et sincère chez Françoise.

Aujourd'hui, le Bus des femmes continue. Aujourd'hui, les malades en prison ont le droit à la confidentialité et au secret médical. Aujourd'hui, le dépistage du sida n'est pas obligatoire – alors que l'opinion publique souhaitait qu'il le soit et que la transmission soit un délit. Aujourd'hui, plusieurs écoles portent le nom de Françoise, et l'on apprend dès la maternelle l'égalité entre les genres. Aujourd'hui, en clinique transculturelle, des psychiatres, comme Marie Rose Moro et Claire Mestre, et des psychothérapeutes travaillent avec la boîte à outils léguée par Françoise pour venir en aide aux adolescents les plus fragiles. Aujourd'hui, donner du sens implique que soient pris en considération non seulement les faits, mais aussi les émotions individuelles et collectives. Aujourd'hui, les institutions internationales reconnaissent et punissent le viol comme arme de guerre, qu'on voit hélas ressurgir en ce moment chez les soldats russes contre les Ukrainiennes. Aujourd'hui, des jeunes femmes en colère contre les violences faites à leur genre s'expriment haut et fort dans des textes, des tracts, des films, des manifestations, et utilisent le mot de « domination », que Bourdieu avait introduit dans le champ de la sociologie et que Françoise a utilisé comme concept anthropologique opératoire. Aujourd'hui, des chercheuses, dans de nombreux pays, en Europe et sous toutes les latitudes, documentent ce qu'on nomme la violence de genre et aident ainsi des femmes en danger. Aujourd'hui, des femmes migrent en Europe pour y trouver refuge contre les violences imposées à leur sexe dans leur pays – violences domestiques, violences culturelles, violences politiques. La question du genre et de la migration devient un sujet majeur, ce qui permettra, je l'espère, à ces femmes, objets d'opprobre et de rejet depuis si longtemps, de sortir de l'invisibilité. Aujourd'hui, les violences genrées sont reconnues comme des violences politiques qui perpétuent des institutions archaïques comme l'alliance matrimoniale sans que la femme soit consultée, l'excision obligatoire, ou la faible représentation des femmes dans l'espace sacro-saint du politique.

Célébrer Françoise, c'est savoir ce que nous lui devons, mais aussi se souvenir de sa joie, sa joie de vivre. Ne pas se laisser aller à la mélancolie, profiter de chaque instant, attendre le printemps, chaque printemps, avec impatience, changer de trottoir pour marcher au soleil et se réciter par cœur certaines de ses phrases, comme celle-ci dont j'ai fait une maxime : « Se réjouir de se savoir mortelle, car c'est ce qui leste la vie. » Savoir qu'on ne sait rien, ou si peu ou trop peu, et ne pas le regretter. « Que sais-je ? J'ai conscience que je ne sais rien, à peine savoir vivre. »

Restituer l'itinéraire de Françoise, c'est reconnaître qu'elle m'a donné le goût de vivre, je veux dire la certitude que personne ne peut m'enlever cette liberté quand je me réveille chaque matin ; savoir que je suis « en vie », et que c'est ma liberté d'en profiter avec intensité. Savoir conserver ce goût de vivre même dans les moments d'adversité, ne pas le laisser disparaître insensiblement dans la répétition du quotidien. Expérimenter cette liberté illimitée, savoir s'y confronter. Cela s'appelle peut-être la soif de vivre.

Épilogue

La veille de l'anniversaire de Françoise, j'étais allée acheter des macarons au chocolat chez son pâtissier préféré. Je connaissais ses péchés mignons. Elle m'avait pourtant dit : « Surtout n'apporte rien. » Je savais bien que Samia allait tout préparer. Le lendemain, vers midi, les bras encombrés par une bouteille de bourgueil et une orchidée, j'ai sonné. Une fois, deux fois, trois fois. J'ai posé les cadeaux sur le paillasson et je l'ai appelée. Je suis tombée sur son répondeur. J'ai composé le numéro de Samia. Elle ne pouvait pas parler. J'ai juste entendu un long cri sourd.

J'ai voulu repartir chez moi, mais je ne savais plus où j'étais. Je suis entrée dans le café tout près de chez elle. J'ai déposé la bouteille et la plante sur le comptoir et je suis repartie. Samia m'a rappelée, puis les amis. Françoise n'a pas souffert. Elle est morte à l'hôpital, le jour de son anniversaire.

Puis le silence est tombé comme une chape de plomb après sa disparition. Certes, la presse lui a unanimement rendu un vibrant hommage, mais la communauté universitaire ne s'est guère empressée de célébrer son œuvre, même par un colloque, malgré tout ce qu'elle nous a légué.

Pour Françoise l'aventurière, les marques d'amour sont plutôt venues du côté des amis bien sûr, mais aussi des artistes, tel Olivier Py, directeur du festival d'Avignon, qui a toujours dit publiquement l'admiration qu'il lui vouait et a organisé un après-midi autour de son œuvre. Malgré la canicule et les spectacles qui se jouaient au même moment, le public est venu écouter les paroles de ses proches amies, Véronique Nahoum-Grappe et Éliane de Latour, et de son ancien mari. Marc Augé a parlé comme un veuf, noyé dans un chagrin profond. Les silences entre ses phrases étaient si longs que je me demandais s'il arriverait à reprendre son discours. Nous étions tous suspendus à son filet de voix. Le successeur de Françoise au Collège de France, Philippe Descola, a expliqué qu'elle avait bouleversé la définition même de l'anthropologie. Des jeunes chercheuses étaient présentes pour donner à entendre ses cheminements de pensée. Sara Louis, comédienne, lisait des extraits du *Sel de la vie.* Les gradins étaient pleins d'étudiants qui prenaient des notes. J'avais apporté quelques enregistrements : le son de sa voix, cette voix si douce, n'arrivait pas à couvrir le chant des cigales.

J'ai pensé à Schumann et ses pièces pour piano interprétées par Piotr Anderszewski qu'elle aimait tellement, j'ai pensé à notre dernière conversation à bâtons rompus où nous avons tant ri, j'ai pensé à cette expression étrange, qui a tant compté et qui compte encore beaucoup, de « dynamo vitale », qu'elle emploie dans *Le Sel de la vie*, j'ai pensé à son amour des capucines, des pâquerettes, j'ai pensé à sa forme de légèreté et de grâce. Le soir j'ai ouvert son dernier livre. Les dernières pages étaient blanches.

L'été a passé. Nous nous sommes revus avec certains amis pour parler de Françoise. Éliane organisait nos rendez-vous et était restée en contact avec son frère. Un jour celui-ci lui a dit qu'il mettait en vente l'appartement de sa sœur. Éliane a proposé de le racheter. Elle croit, à juste titre, en l'esprit des lieux et voulait ainsi continuer, à sa manière, à vivre une forme de compagnonnage avec Françoise. Un dimanche de septembre elle nous a tous réunis. Elle avait préparé les bons plats qu'affectionnait Françoise. D'elle, nous avons parlé tout l'après-midi. On a beaucoup bu aussi, surtout nous, les filles. À la nuit tombée nous sommes reparties un peu pompettes. Éliane a pris soin de donner à chacun un objet de Françoise en guise de souvenir. Moi j'ai hérité d'une très belle petite sculpture de femme en bronze, qui est toujours posée sur mon bureau comme une vigie, un porte-bonheur aussi.

Aurait-elle permis que j'écrive un livre sur elle ? Je n'en suis pas sûre, tant elle était modeste. Elle m'aurait découragée. Elle m'avait souvent répété, lorsque je lui posais des questions : « En quoi ma vie a-t-elle de l'intérêt ? Tu sais, c'est une vie ordinaire. »

Vive les vies ordinaires.

Remerciements

Merci à toutes les personnes qui m'ont aidée dans mes recherches et qui m'ont parlé de Françoise et, en premier lieu, à Monique Chevallier et Emmanuel Terray, qui n'ont pas ménagé leur temps et qui ont accepté de relire mon manuscrit.

Merci à Yann Potin que j'ai eu la chance de connaître grâce à Françoise et qui m'a considérablement aidée dans mes recherches aux Archives nationales.

Merci aux amies, Véronique Amlon, Samia Belkade, Carmen Bernand, Sophie Bosser, Michèle Fiéloux, Odile Jacob, Éliane de Latour, Emmanuelle Loyer, Marie Rose Moro, Véronique Nahoum-Grappe, Michèle Perrot, Marina Tomé, Teri Wehn-Damisch et Margarita Xanthakou.

Merci aussi à Claire Hocquet, avocate de Catherine Izard, et à Élodie Royer.

Merci aux amis, Marc Augé, Laurent Barry, Philippe Descola, Salvatore D'Onofrio, Olivier Herrenschmidt, et au regretté Yves Coppens.

Chez Albin Michel, merci à Gilles Haéri, qui m'a tout du long accompagnée dans ce projet, et merci infiniment à mon éditrice, Hélène Monsacré.

Merci enfin à Alain Veinstein, qui m'a supportée pendant si longtemps et avec beaucoup de patience, parlant « en boucle » de notre chère Françoise.

Légendes et crédits photographiques

Photo p. 29 : Françoise Héritier pendant les vacances dans le Livradois. © Archives nationales/Fonds Françoise Héritier

Photo p. 32 : Françoise Héritier jeune fille. © Archives nationales/Fonds Françoise Héritier

Photo p. 35 : Françoise Héritier, Paris, 1955. Les boucles d'oreilles et la ceinture ont été créées par des artistes américains que Françoise a fréquentés au café Le Tournon. © Photo Michel Huillard – Archives nationales/Fonds Françoise Héritier

Photo p. 40 : Claude Lévi-Strauss et Françoise Héritier au Collège de France, 15 juin 1987. © Martine Franck/Magnum Photos

Photo p. 53 : Françoise Héritier en pays samo, Haute-Volta (actuel Burkina Faso), années 1950. © Photo Michel Izard – Archives nationales, 20200481_20/Fonds Françoise Héritier

Photo p. 64 : Fiche d'analyse systématique des filiations Pana, village de Bouna, dans la vallée du Sourou, en Haute-Volta, vers 1958. © Archives nationales, 20200481_107/Fonds Françoise Héritier.

Photo p. 77 : Françoise Héritier avec sa fille Catherine, 1960. © Archives nationales/Fonds Françoise Héritier

Photo p. 92 : Consommation de la bière de mil, Françoise Héritier sur le terrain en Haute-Volta, années 1950. © Archives nationales/ Fonds Françoise Héritier

Photo p. 94 : Relevé des champs à la planchette, par triangulation, Haute-Volta, 1957. © Archives nationales/Fonds Françoise Héritier

Photo p. 99 : Fiches de terrain, 1968. Dalo, 11 janvier 1968, Muntalo – 1. « Vers 17h, Subado, la jeune femme entrée la dernière par mariage au quartier Sãulé, exécute la tâche du balayage du dyirinno sous l'œil de Sokaba. Noter que les autels ont été fraîchement recrépis. Noter également la présence du fagot pour le feu du soir où les âmes des morts se réchaufferont. » © Archives nationales/Fonds Françoise Héritier

Photo p. 110 : Fiche de parenté samo, vers 1967. © Archives nationales/Fonds Françoise Héritier

Photo p. 112 : Enquête en pays samo sous un baobab. Au côté de Françoise Héritier, l'anthropologue, traducteur et griot, Goulé Zo. © Archives nationales/Fonds Françoise Héritier

Photo p. 114 : Françoise Héritier, 1982. © Michèle Bancilhon/ AFP

Photo p. 122 : Françoise Héritier, 1983. © Gérard UFERAS/ GAMMA RAPHO

Photo p. 136 : Françoise Héritier sur les marches du Collège de France, 30 juin 1985. © Photo Collège de France. Archives

Photo p. 182 : Bodélio, Bretagne, Françoise Héritier devant sa maison avant restauration. © Archives nationales/Fonds Françoise Héritier

Photo p. 207 : Françoise Héritier-Augé, 6 mai 2001. © Patrick BOX/GAMMA RAPHO

Photo p. 247 : Françoise Héritier, décembre 2013. © Yannick Coupannec. Tous droits réservés 2022/Bridgeman Images

Table

De la même auteure

Edgar Morin, *Histoire(s) de vie : entretiens avec Laure Adler*, Paris, Points et Bouquins, 2022.

Etel Adnan, *La beauté de la lumière*, entretiens avec Laure Adler, Paris, Seuil, 2022.

Les femmes artistes sont de plus en plus dangereuses, Paris, Flammarion, 2022.

Christian Boltanski, *Conversation avec Laure Adler : récits*, Paris, Flammarion, 2021.

Nadia Ferroukhi, *Les Matriarches. Dernières sociétés de femmes autour du monde*, présentation de Laure Adler, Paris, Albin Michel, 2021.

La Voyageuse de nuit, Paris, Grasset, 2020 ; Gallimard et Le Livre de Poche, 2021.

Le Corps des femmes. Ce que les artistes ont voulu faire de nous, Paris, Albin Michel, 2020.

Les femmes qui lisent sont de plus en plus dangereuses, avec Stéphane Bollmann, Paris, Flammarion, 2020.

Charlotte Perriand, Paris, Gallimard, 2019.

Mon cœur mis à nu, correspondance avec Pascal Rambert, entretiens avec Stanislas Nordey, Arthur Nauzyciel et Caroline Guiela Nguyen, Besançon, Les Solitaires intempestifs, 2019.

The trouble with women artists : reframing the history of art, Paris, Flammarion, 2019.

Les femmes artistes sont dangereuses, Paris, Flammarion, 2018.

À l'aube du féminisme : les premières journalistes, 1830-1850, Paris, Payot, 2017.

Dictionnaire intime des femmes, Paris, Stock, 2017.

François Mitterrand : le roman de sa vie, Paris, J'ai lu, 2017.

Les femmes qui écrivent vivent dangereusement, avec Stéphane Bollmann, Paris, Flammarion, 2017.

Tous les soirs, Arles, Actes Sud, 2016.

François Mitterrand : journées particulières, Paris, Flammarion, 2015.

L'amour à l'arsenic. Histoire de Marie Lafarge, Paris, Denoël, 2015.

Les femmes qui aiment sont dangereuses, Paris Flammarion, 2015.

Immortelles, Paris, Librairie Générale Française, 2014.

Manifeste pour les hommes qui aiment les femmes, Paris, J'ai lu, 2014.

Françoise, Paris, Pluriel, 2012.

Les plus belles lettres de femmes, éd. avec Stéphane Bollmann, Paris, Flammarion, 2012.

L'insoumise. Simone Weil, récit, Arles, Actes Sud, 2008.

Les femmes qui lisent sont dangereuses, avec Stéphane Bollmann, Paris, Le Grand Livre du Mois, 2006 ; Flammarion, 2015.

Dans les pas de Hannah Arendt, Paris, Gallimard, 2005.

À ce soir, Paris, Gallimard, 2001.

Marguerite Duras, Paris, Gallimard, 1998.

Les femmes politiques, Paris, Le Grand Livre du Mois, 1993 ; Seuil, 2015.

L'année des adieux, Paris, Flammarion, 1992.

La vie quotidienne dans les maisons closes (1830-1930), Paris, Hachette, 1990 ; Fayard, 2013.

Secrets d'alcôve. Histoire du couple de 1830 à 1930, Bruxelles, Éditions Complexe, 1983 ; Paris, Fayard, 2013.

Éditions Albin Michel
22, rue Huyghens, 75014 Paris
www.albin-michel.fr
ISBN : 978-2-226-44161-4
Impression : Normandie Roto Impression s.a.s.
N° d'impression : 2203987
N° d'édition : 23456/01
Dépôt légal : octobre 2022
Imprimé en France